中国金融四十人论坛

CHINA FINANCE 40 FORUM

致力于夯实中国金融学术基础，探究金融界前沿课题，
引领金融理念突破与创新，推动中国金融改革与实践。

经济运行的逻辑

高善文◎著

中国人民大学出版社
·北京·

中国金融四十人论坛书系

“中国金融四十人论坛书系”是由中国金融四十人论坛创设的书系，专注于宏观经济和金融领域，着力金融政策研究，力图引领金融理念突破与创新，打造高端、权威、兼具学术品质与政策价值的智库书系品牌。

中国金融四十人论坛是一家非官方、非营利性的独立智库，专注于经济金融领域的政策研究。论坛由40位40岁上下的金融精锐组成，即“40×40俱乐部”。本智库的宗旨是：以前瞻视野和探索精神，致力于夯实中国金融学术基础，研究金融界前沿课题，推动中国金融业改革与发展。

自2009年以来，“中国金融四十人论坛书系”已出版30余本专著、文集。凭借深入、严谨、前沿的研究成果，该书系已经在金融业内积累了良好口碑，并形成了广泛的影响力。

中国金融四十人论坛书系编委会

序

宏观经济走势和通货膨胀问题一直是市场关注的重要经济问题。高善文博士所作《经济运行的逻辑》一书，以其深厚的理论功底和务实的数据分析，从独特的视角作出了自己的分析，对经济工作者和关心中国经济的一般读者都有参考价值。

近年来，中国经济经历了一段高速增长的黄金时期，但这期间也伴随着时高时低的通货膨胀。通货膨胀是货币现象还是经济结构变动的反映，还是兼而有之？高博士从实证的角度回顾和总结了货币与通货膨胀在长期的关系。结果显示，总体来说，通货膨胀与货币之间在长期内确实存在相当紧密的联系。进一步的数据处理也表明：对于较低通货膨胀水平的样本而言，这一联系的紧密程度明显减弱；只有在较高通货膨胀水平的样本中，这一联系才比较明显。此外，最近20年以来，货币与通货膨胀的长期紧密联系出现显著下降；在低通货膨胀的样本内，这一联系在统计上似乎很不显著。这些结果凸显了深入理解货币变动与通货膨胀之间传导机理的重要性。

作者的研究表明，自上世纪 90 年代以来，中国逐步融入全球经济，以生产资料价格为代表的可贸易部门通货膨胀与全球工业品价格的波动相当一致。在开放经济和相对固定的汇率制度下，这个结论是比较自然的。但在过去的研究中，对此的注意和强调却比较缺乏。书中引入全球需求、大宗商品冲击和汇率变化来全面地评估中国生产资料价格的变化。这为理解中国生产资料通货膨胀和工业企业景气提供了一个全球的视角。

中国消费物价指数的波动主要为食品价格所主导，但中国食品价格的波动与工业部门的通货膨胀高度同步，这使得基于作物歉收等细分市场供应冲击的微观解释缺乏说服力。过去有学者提出了农户部门通货膨胀预期的假说，认为农户选择使得实体经济和食品部门产生互动，但这种假说似乎没有受到应有的重视。本书作者通过精心设计的一系列证据，支持了农户通胀预期理论。这为更为合理地理解和预测中国通货膨胀提供了理论和实证基础。

最近几年农产品价格此起彼伏地上涨引发了社会的广泛关注。书中通过一系列横断面证据的计算，认为这一长期趋势和刘易斯拐点机制相联系。中国农业劳动力的工资自 2005 年以来出现比较快速和持续的上涨，这推高了农产品的生产成本和市场价格。食品价格平均涨速的提高，使得通货膨胀的压力平均较以往更大，这给宏观调控带来了压力和挑战。

书中对通胀的讨论并没有止步于提出自己的分析框架，作者进一步思考中国通胀模式和发达国家的区别，以及这种差别的深层次原因。中国通胀的模式因为中国的可贸易部门在经济中具有非常大的比重，食品价格对通胀影响较大。中国生产资料价格变化的背后主要反映着企业生产能力的余缺和资本存量的多寡，而成熟经济体产品和服务价格变化的背后更多地反映着劳动力市场的松紧和工资增长的快慢。

作者的这些研究为我们进一步理解和治理中国的通货膨胀提供了有益的思考。

中国的宏观经济走势如何也是大家所关心的问题。高博士在这个问题上也为我们提供了不同的分析视角。绝大多数关于中国宏观经济短期运行的分析都将经济波动解读为总需求方面的变化，并进一步通过净出口、投资和消费等支出法的分解来推断其背后的原因。如果总供应是相对稳定的，那么这种做法当然无可厚非。但作者认为对于中国经济，因为中国资本形成的速度并不稳定，使得在一些时候，总供应稳定的假设无法成立，并由此影响基于总需求分析的有效性。作者比较研究了2005—2007年中国经济总量数据，以及对于当时巨额经常账户盈余的解释，普遍地基于总需求的分析框架，可能就存在比较明显的瑕疵。考虑到基于总供应不变框架的局限性，本书发展了基于国际收支平衡去分析总供求变化的框架。其优势在于可以对称地处理总需求和总供应的变化，从而改善分析的有效性。随后根据这一框架，作者讨论了过去十年中国经济的一些重要时期的案例，体现了该框架对中国经济运行的解释能力。

在2005—2007年期间的大部分时间里，在经济增速持续爬升的同时，通货膨胀维持低位，并有所降低，同时经常账户盈余急剧扩大。面对这种局面，大多数分析强调汇率低估和国民储蓄率过高，乃至出口导向的经济增长模式是其背后的主要原因，并预测中国经常账户收支可能长期保持巨额顺差。作者以国际收支框架为基础，结合当时的其他数据，强调这段时期总供应曲线扩张是一系列经济现象背后最根本的原因，并可以预言，随着总供应扩张的放缓，中国经常账户顺差将快速收窄。

在2008—2012年期间，中国经济的总需求经历了一系列冲击，例如2008年的全球金融危机，2009年初的“四万亿”政府刺激计划，房地产泡沫和持续的房地产调控政策，2011 年的通货膨胀和货币政策紧缩等，这对经济内在力量决定的运行趋势形成巨大扰动，也使得金融市场对政府政策呈现前所未见的密切关注。但是，就这五年时间里的情况平均而言，由于内在周期性力量的起伏，经济总供应收缩和经常账户盈余下降的趋势仍然是十分清楚的。作者以国际收支框架为基础，结合这段时期的经济数据，强调尽管 2008 年金融危机以后全球经济和贸易活动增长的放缓对中国经济产生了明显影响，但总供应曲线收缩的影响在整个时期来看可能更为基本。

这提示我们制定宏观经济政策时，除需求管理外，更要注重供应方调整以释放经济活力，提高全要素生产率，为可持续发展和经济平衡提供基础。

经济分析是一项非常复杂的工作，经济运行远比理论假设更为复杂，但我们还是会有基本规律可循。愿我们有更多的经济学家能更深入、务实地研究经济运行，为我们的经济决策奠定坚实的理论基础和实证的基础。经世济民是经济学家的社会责任。

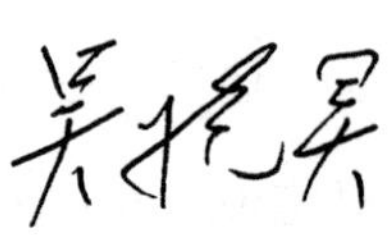

前　言

承蒙中国金融四十人论坛的王海明秘书长一再催请，我将过去从事市场研究期间的一些想法进行了整理并结集出版，以供对中国经济和资本市场有一些兴趣的人士参考和批评。

这项工作开始于 2011 年夏季，原来打算在当年末完成，但竟然拖了一年多才有一些眉目，这当然主要归咎于我的疏懒。此外，这期间家父到京求医越年，随后去世；家人因事赴港盘桓有日；我也意外地开始与升高的血糖水平进行持续对抗。这些变化，都是此前没有估计到的，不免牵扯了许多精力。

也许更加重要的是，这么多年以来从事市场研究，虽然对经济和市场的观察偶然有些一鳞半爪的感悟和心得，但都散落在各种应时的研究报告中，前拉后扯，不成体系。以前曾经将这些报告编撰刊行，事后来看，在有限的范围内，读者的阅读经验并不好。

部分原因在于这些内容过于零散。此外，时过境迁，报告中许多应时的分析细节和政策评论也不再有太大的意义。所以遵从王海明秘书长的建议，需要对内容重新编排梳理，并按照逻辑关系区分章节，组织证据，这实在是一项不小的工程。

在这一过程中，我也开始明确地意识到，随着时间的流逝，新的证据在进一步积累，许多以前工作的疏漏也需要补正，这都要花费许多的心力来思考，其结果是否合理，当然有待读者作出判断。

这本书主要包括了以下几个方面的内容：

第一章是关于研究方法层面的一些思考，包括《光线是可以弯曲的》和《我所理解的宏观研究》两篇文章，前者讨论了科学研究的一般步骤，后者讨论了市场分析的哲学基础及其局限。这两篇文章都曾经发表，在行业内也曾经引起一些广泛的注意和积极的评价。

第二章是关于通货膨胀的一些分析思路，主要讨论了固定汇率安排下一价定律的影响、通货膨胀预期在中国食品价格形成过程中的作用、刘易斯拐点问题等。其中关于一价定律证据的讨论在十多年前曾经引起一些学者和官员的认真留意，而关于刘易斯拐点及其对通货膨胀影响的分析在两年多前也引发了不少争论。

第三章是关于产能变化的主要想法，其特点在于以国际收支平衡分析为入手点，识别来自供应和需求方面的冲击，进而寻求进一步的微观证据，来展开分析和推断。这种想法的优势在于可以同时平衡地对待总供应和总需求两方面的变化，避免将一切观察到的经济波动都主要归结为总需求扰动的偏差，并对理解中国经常账户盈余的波动提供一些不同的、具有一定启发性的分析思路。

以这些证据为基础，在时间方向上看，可以粗略地看到总需求和总供应交错波动的脉络，从而形成了产能周期的大体轮廓。这一部分的内容并不为人们所熟知，但却是我们对通货膨胀和资产价格展开分析的重要基础。

第四章和第五章的内容是关于金融市场分析的基本框架，其特点在于：从代表性微观主体的资产配置行为出发，以产能领域的分析结果为依据，去推断金融市场变化的方向和线索。这个框架以前我曾经称之为“资产重估理论”，在资本市场上颇有一些认知。

第六章收录了几篇相关的评论，文字相对轻松活泼，与前面的内容有一些松散的联系。

一个基本的问题是，现代经济理论已经如此精巧和复杂，有着稳健的基础假设和可靠的逻辑推演，我们为什么不奉行拿来主义的基本精神，而要舍近求远地单独提出一些分析过程，并且这些分析似乎仍然颇为粗糙？

答案在很大程度上是实用主义的，即为了更简便和快速地解决问题。

我们知道预测未必是投资和商业活动的核心内容，恰当的应对、强力的执行和可靠的风险控制共同构成了商业成功的基础。但商业领域的宏观经济分析必须对经济趋势和政策走向提出预测，必须尽力提高预测的准确率，这一点却是非常清楚的。

根据我有限的知识，在过去十几年中，甚至在更长的时间里，在中国的大学、研究机构和政府中都曾经出现将中国经济模型化和数量化的认真尝试，其中的一些依托与国际研究机构或学者的合作，并大量借鉴成熟的经济理论和模型。这些努力显然是非常重要和十分有价值的，但以商业的标准来看，这些尝试所取得的成功似乎是有限的。

这也许至少存在两个方面的原因：一是中国经济的体制和结构始终处在快速的变化中，这使得模型的结构和参数相当不稳定，再加上基础数据质量不高，这些瑕疵最终限制了模型拟合现实并作出预测的能力。

实际上，这样的辩护是非常强有力的，并且能够说明所有模型失败的情况。二是中国的经济运行存在一些独特的约束条件和作用过程，这些条件和过程在发达的经济体中并不存在，也就没有很好地反映在成熟的经济理论和经济模型中。

沿着第一种解释的思路看，在商业领域从事宏观经济分析将会不知所从，无处下手。这样经济分析就逐步演化为对统计指标的会计解释，故作高深地摆弄计量技术或者人云亦云地吟诵经典，但这与最终的商业用途已去之甚远。

沿着第二种解释的思路看，就需要对中国经济进行近距离的仔细观察，小心地辨识那些独特的约束条件和作用过程，并以此为基础进行逻辑推演和证据比对，从而积累认识，推断趋势。

我们试图沿着后一种思路作一些尝试，这是否可行并且有效，当然见仁见智。反思过去十年我们所提出的预测，其中有些似乎十分成功（这当然有运气的成分），但也有一些错得离谱。

我们知道物理定律是非常严密和精确的科学，但它对未来的预测仍然需要给定必要的初始条件；在宇宙万物的演化中，初始条件是如何设定的，这可能仍然是有一些疑问和争论的。类似地，经济理论对未来的预测也需要给定外生条件。这样，预测的偏差要么来源于理论本身的错误或局限，要么来源于外生条件的错误设定。

在很长的时间里，我始终反复检讨严重的预测错误为何发生。一个大体的看法是，错误似乎更多地来源于外生条件设定的偏差。尽管理论的局限性是难以避免的，但事后来看，我们所尝试提出的理论似乎总能够对比较多的证据提供稳定和一致的解释。

现在我们更加清楚的是，恰当地设定经济运行的外生（初始）条件十分重要，这需要知识、经验和一些好的运气，也需要在实践中对经济数据进行严密的观察，并随时准备根据外生条件的变化对预测作出调整。

在过去十多年的工作中，我得到了许多同事和朋友的关心、鼓励和支持，也遭受了许多客户和投资者的质疑、批评和嘲讽，这些经历是我过去努力工作的源泉。随着岁月的流逝，这些工作是否仍然会有一些价值，恐怕只有时间才知道最终的答案。

我要感谢多年来的同事和朋友，他们是李勇、罗斌、莫倩、芮颖、李炜、柳世庆、高伟栋、温永鹏、尤宏业、姚学康等。在日常工作中，他们不但提出了许多富于建设性的批评和建议，而且承担了大量的数据收集和处理工作，并对最终的文字进行了耐心的编辑和润色，这对于本书的定稿是不可或缺的。

毋庸讳言的是，本书的错误和遗漏由我本人承担责任。

高善文

目 录

第一章

从研究方法谈起

■ 要想获得对世界的洞察，并以这样的洞察为基础，获得对世界的比较稳定可靠的预测能力，我们就必须探索因果关系。

■ 宏观经济分析需要专注于对过去几年数据比较全面的分析和把握，并重点回答三个问题：一是经济走向，二是政策立场，三是资金松紧。

光线是可以弯曲的[①]

一、非洲蚂蚁如何找到自己的家?

在许多年以前，生物学家很热衷于使用进化理论来研究生物的行为。在这种研究的过程中，他们发现非洲沙漠里有一种蚂蚁，这种蚂蚁找回自己巢穴的行为非常奇怪。

当时人们已经知道，在正常的条件下，蚂蚁要找回自己的巢穴，主

① 这篇文章来源于2010年夏我在上海一个研讨班上的即席演讲，主要结合我既往对科学史的大致了解和对日常经济研究领域的切实观察，有针对性地提出和讨论了一些方法层面的问题。为了增加趣味性，演讲通过一连串的故事来展开，其优点是语言活泼生动，听众有愉悦感，文字可读性强；缺点是表述并不严谨，甚至不很严肃，内容也不太系统。

后来我的同事对内容进行了整理和删减，保留了其中的十个故事，但原来的语言表述方式基本没有调整。由于即席演讲的随意性和现场的许多调侃，读者不应过于追究故事的具体细节，而宜略观其大端。

要的办法是在它们离开巢穴的时候，沿途留下很多气味。这样，等到蚂蚁要回家的时候就会循着气味返回，因为蚂蚁是没有视觉的。知道这样一个原因的方法是很简单的：在蚂蚁经过的沿途放几个樟脑球。一般的话，蚂蚁就会迷路。

但是，科学家发现非洲沙漠里的这种蚂蚁，实际上不是依靠气味来识别路途的。所以，在很长的时间里，大家对这种蚂蚁如何找回自己的巢穴非常感兴趣。

当时，为了解释这种蚂蚁是如何找回家的，出现了很多竞争性的理论。其中一种理论认为，在这种蚂蚁体内有一种计步器。当蚂蚁离开自己巢穴的时候，它的计步器就开始工作，统计蚂蚁的步数。当蚂蚁找回家的时候，计步器可以反向工作。当计步器清零，蚂蚁就知道已经到家了。

从研究的角度，我们把这个案例总结为两点：

我们看到研究的第一步是观察现象、提出问题。我们观察到的现象就是蚂蚁回家，提出的问题就是这种蚂蚁回家很奇怪，那么它是如何回家的呢？

第二步就是提出理论、作出猜想。为了解释所面对的现象，我们要提出一个假说，提出一个理论。这个理论在逻辑上要能够自圆其说，要能够解释所面对的现象，这是研究的第二步。

但是在那以后的几十年间，人们不知道这个假说是不是对的（在本例中就是蚂蚁体内有计步器的假说）。

我曾经问过很多面试的学生和实习生，如果现在把这样一个假说抛给你，要试图知道这个假说是不是对的，怎么办呢？

不少学生的第一直觉是把蚂蚁解剖一下，然后用显微镜，用生物学的方法来寻找计步器在哪里。其实稍微简单地想想就可以知道，这种办法在操作上是非常困难的，是几乎不太可能成功的。

因为计步器作为一种假说，很难跟具体的生物器官对应起来。即便能够对应起来，这种器官的运作在解剖学的意义上也是很难理解的。所以，在很长的时间里，人们始终不知道这种假说是不是对的，它毫无疑问是一种引人注意的、很有趣的假说。

前几年，学术杂志发表了一篇生物学论文，这篇论文就试图回答这样一个问题，就是这种计步器的假说是否正确。

它是如何回答这个问题的呢？以现在的眼光看，办法很简单，但是在很长的一段时间里人们都不知道这些办法。

它的办法是把这些蚂蚁捉来，分成两组。把第一组蚂蚁的腿截断一半，把第二组蚂蚁的腿延长一倍（像踩高跷一样）。这些是在蚂蚁离开家以后非常快速地完成的。

如果计步器假说是正确的，从这个假说出发得到的预测是，腿被截掉一半的蚂蚁在往回走的路上，在路途一半的时候就会开始表现出找家的行为，主要表现就是开始团团转；而腿被延长的蚂蚁会跨过自己的巢穴，继续向前走可以计算的距离，然后才表现出找家的行为。

从计步器假说出发，理论上可以作出这样的预测。所以接下来的问题就是用实验证据的方法来看看这个预测是不是正确的。

这篇论文能够在学术杂志上发表，很重要的原因就是这个假说居然是正确的。蚂蚁找家行为的表现与这一理论的预测是一模一样的。

在这里，我们看到了研究的第三步和第四步。

如果说研究的第一步是观察现象、提出问题，第二步是提出假说、提出理论，那么研究的第三步就是从假说和理论出发，从其内在的逻辑出发，去作出一系列的预测。这一系列的预测本身是基于理论的内在逻辑推演出来的。

由理论所推导出来的预测必须是明确的、可以观察的和排他性的。显然，蚂蚁腿的长度被控制以后，其找家行为的变化是明确的和可以观察的。同时，这一预测只有计步器理论可以作出，其他竞争性理论是无法作出的。在此意义上，这一预测是排他性的。

研究的第四步就是系统性地搜集经验、事实和证据，并把这些经验、事实和证据同理论的预测相对照。

如果理论的所有预测都能够和经验事实一致起来，那么我们就接受这个理论；如果理论的预测和经验事实不一致，那么我们就推翻这个理论，去寻求一个新的理论。

这就是我们迄今所知道的所有科学研究的四个步骤。这四个步骤是缺一不可的，关于它们的重要性，我们再举另一个例子。

二、“重的物体比轻的物体下落得更快”

在古希腊时期，人们很喜欢辩论。为了支持辩论技巧，一部分人发展了非常发达的形式逻辑。形式逻辑在此后上千年时间里的发展水平都很难超过古希腊。形式逻辑在那个时代的典范也许应该是欧氏几何。

欧氏几何基于一系列非常简单的假设，就可以推演出非常庞大、非常密实的命题体系。

古希腊学者在那个时代就试图论证“地球是圆的”，并提出了一系列的证据，他们还以几何学为基础去估算地球的周长。即使以现代的眼光来看，这样的估算成就也是很了不起的。

我想说的是，任何一个理论都必须有逻辑，而它的基础就是古希腊时期的形式逻辑。在数千年以前的古希腊时期，大约跟中国的春秋战国时期差不多，希腊人的逻辑就已经非常发达，远高于中国先哲的水平。

我们知道，古希腊有一个先哲亚里士多德。他的庞大的理论之中有很多命题，其中一个备受瞩目的命题是：重的物体比轻的物体下落得更快。这个命题在亚里士多德的著作中有非常明确的阐述，而我们现在清楚地知道这个命题本身是不对的。

但是从亚里士多德提出这个命题一直到伽利略时代，在上千年的时间里，没有人公开地、严肃地去质疑这个命题。为什么呢？因为在漫长的时间里，人们不知道作科学研究的第三步和第四步。

亚里士多德观察到羽毛比石头下落得更慢，观察到这个现象之后，他提出了一个理论，认为重的物体比轻的物体下落得更快。这已经是一个抽象，是一个理论，但是这个理论是不是正确的呢？

他需要第三步，以这个理论为基础作出预测，然后是第四步，用可控的实验去验证这个预测。在亚里士多德时代一直到伽利略时代的漫长的时间里，人们不知道为了取得知识和理解上的进步，第三步和第四步是不可或缺的。所以，在那漫长的时间里，科学的进步非常缓慢，甚至可以说科学还没有诞生。

直到伽利略和牛顿时代，人们才认识到，理论不但需要逻辑支撑，还需要对世界作系统的观察，并用这些观察来验证理论的预测，在验证的基础上推翻一个理论或者接受一个理论。

爱因斯坦曾经讲过，现代科学的诞生是一个偶然。这个偶然来自两种思想的碰撞和融汇。一种思想是形式逻辑。从现代对文明史的回顾来看，只有古希腊提出了非常发达的形式逻辑。而另外一个很重要的精神源头就是实证精神。所谓的“实证精神”，就是对事实有系统地搜集、测量和记录。

只有当形式逻辑和实证精神交融在一起的时候，科学在欧洲才大放光芒。从伽利略到牛顿，到达尔文，到麦克斯韦，再到爱因斯坦，无不是遵循这样的方法，将科学推向更加昌明的地步。

三、“光线是可以弯曲的”

爱因斯坦的广义相对论本身在数学上、在思想上，毫无疑问是异常复杂的。但是他所作出的预测，他所作出的可以观察的、以前人们所不知道的预测，却是惊人地简单。

比如说，一个非常重要的预测是：当光线通过重力场的时候，光线本身可以被拉弯（其实是空间在弯曲）。这个事实以前人们是不知道的，甚至是无法想象的。而这个在现代天文学的观察中一般叫作“重力场透镜效应”或“爱因斯坦透镜效应”。

以广义相对论为基础，爱因斯坦所能作出的预言是什么呢？他严密计算出来的预言是：当发生日全食时，太阳的光芒完全被月亮屏蔽。在这样的条件下，太阳背后的恒星所发出的光经过太阳的重力场时被拉弯，照射到了地球上。这个时候人们对这颗恒星位置的计算，同太阳在其他位置时的计算有轻微的偏离，而这个偏离的大小是可以计算出来的。

1918 年英国的远征队分别在地球的不同地方对这一预言所提到的现象进行了观测，而观测的结果与爱因斯坦的预言是一模一样的。这是广义相对论获得广泛支持，爱因斯坦成为世界名人非常关键的实验证据。

在这里，我们也可以看到科学研究的四个步骤是缺一不可的，科学研究本质上是实证精神和形式逻辑的结合。

四、“民可使由之，不可使然之”

如果我们回过头看中国数千年的文明史，我们会看到中国人既缺乏实证精神，也缺乏形式逻辑。在中国大量的史料中，我们看到的记录是，皇帝今天晚上宠幸了哪个妃子，我们看到的是韩信密谋政变，最后没有成功。我们很少看到对世界的运行作出的有系统的测量、观察和记录。

中国的先秦时期也有很激烈的辩论，这种辩论也推动了逻辑的发展，其到达的高度中国人在后来再也没有超越过，但是它跟古希腊的形式逻辑相比是不在一个量级上的。

在朱熹或是更晚的时代，知识分子都醉心于解读古代的典籍。这种解读首先沉迷于对定义的辩论。比如对《论语》的解读，首先沉迷于这句话在字义上如何解读、如何定义，而没有严密的逻辑推演和合理预测。

举例来说，康有为如何解释“民可使由之，不可使然之”呢？中国古代是没有标点的，这句话在很长时间里大家的解读是一样的，但是康有为提出了新的解读，认为原意是“民可，使由之，不可，使然之”，意思是“如果老百姓答应，那就这么办，如果老百姓不答应，就跟他们讲明白”。这个倒有点儿像现代西方民主政治的理想，但是包括梁启超在内，对这样的解读都非常地怀疑。

这里我们看到的是中国人古代的治学方法：命题的本身没有非常清晰的含义，命题的基础没有非常严密的定义，命题的展开过程没有密实的逻辑，命题本身也没有提出任何预测。有时候即使提出预测，人们也不用系统性的观察去验证这个预测。

例如，在以前中医的一些著作中，关于生男生女在理论上是这样解释的：夫妇双方如果在奇日行房，则生男；在偶日行房，则生女。这也是一个理论，这个理论作出了很重要的预测，但是你没有看到哪个中国人去系统性地搜集事实来验证这个理论。

中国人在漫长的文明史中既缺乏形式逻辑，也缺乏实证精神，所以中国在古代很长一段时间里科学不够昌明。

为什么我们要从这么遥远的孔子时代讲起呢？非常重要的原因是，这种传统一直延续到当代。即使是洋务运动和五四运动在一定程度上使西方的思想在中国开始广泛的传播，但是在骨子里，中国学者，至少在社会科学领域，仍然在一定程度上缺乏实证精神，在一定程度上缺乏形式逻辑。余绪所及，影响很广。

五、“下边，没有了”

如果再具体到我们的证券研究领域，个人认为，绝大多数我们所看到的研究报告之中，你找不到非常密实的逻辑和基于这些逻辑提出的预测，或者你偶尔能看到一点密实的逻辑，但是你看不到通过对证据系统性地梳理来验证预测，从而接受或者推翻一个想法。

在大量卖方研究报告之中，我们看到的是材料的堆积，我们看到的是突发的灵感，或者突然来一段论断，然后就没有了。像传言中纪晓岚对老太监讲的故事：从前有位公公，下边，没有了。既不以此为基础作出一系列的预测，更谈不上对事实和经验进行系统性的梳理去验证预测。

这些是我想对方法论所作的第一个层面的陈述。我们回顾了科学研究所遵循的一些共同的规则，所有的学科都要遵循这些规则。霍金曾经说过："这注定是我们的知识能够取得大的进步的方法。除了这样的方法，我们不知道还有其他的方法可以帮助我们进步。"

六、"引力与温度无关"

接下来我们对方法论作第二个层面的展开。从哲学的角度来看，研究的对象是什么呢？研究的对象在本质上是因果关系。那么什么叫因果关系呢？因果关系本身需要一个严密的定义。

以我个人的体会来看，因果关系是对一个封闭的系统而言的，我们可以观察到它的输入，也可以观察到它的输出。假设一个封闭系统，我们把它隔离起来，它有100项输入，我们可以看到输入，也可以看到输出。当这个封闭系统的99项输入都不变，只有1项输入在变化，这个输入的变化导致输出层面产生了变动，我们就说这两个现象之间存在因果关系。

之所以要对因果关系作这样一个密实的定义，是因为下面我要讲到隔离和可控。我举几个例子。

第一个例子，在牛顿时代，牛顿本人研究了很多的现象，研究了光线色彩的构成，研究了潮汐，研究了地球围绕太阳运动和月亮围绕地球运动等等。但是如果我们去看牛顿理论本身，以现代的眼光来看，这是一个奇迹。这个奇迹并不只是说他在数学和科学上多么了不起，而是说他研究的因果关系是容易隔离的。

地球与太阳之间的相互作用，不依赖于太阳是由什么样的元素组成的，不依赖于太阳的表面温度是多少，不依赖于太阳本身的密度有多大，只依赖于太阳的质量和太阳与地球之间的距离，而太阳很多其他的属性，都是可以屏蔽和隔离开的。这本身是个奇迹，使得我们在研究地球和太阳相互运动的时候，可以忽略太阳的物理构成，但是依然可以把两者的作用关系理解得非常清楚。

我举这个例子是想说，物理学研究的世界在原则上是可以隔离的。你可以把太阳的很多属性隔离掉，但是仍然把这个系统研究得很清楚。

当人们在研究更现实的物理理论的预测时，进行的都是可控试验。比如说伽利略，让两个铁球，一个 20 斤，一个 10 斤，从同样的高度坠落，人们看到它们同时落地。这本身是可控试验。可控试验意味着你可以严密地控制输入。或者在研究天体物理学的时候，并不是可控试验，但是这个世界的研究在方法上、原则上，居然是可以隔离的。这使得在研究因果关系的时候，研究过程变得相对容易。

为什么经济学的研究在这个层面上非常难？为什么生物学的研究，特别是关于人体的研究，非常难？为什么现代医学的研究非常难？因为这些系统在原则上、方法上是很难隔离的。它不能够像研究地球与太阳的运动一样，把太阳的表面温度隔离掉。

比如在生物体的层面上，一个普遍的现象叫“代偿”，就是说如果你某一项生物机能非常地不发达，一定有另一项生物机能非常地发达。“代偿”很可能跟漫长的进化过程中的竞争有关系，但是它非常清楚地表明人体在研究上是很难简单隔离的。一个系统的调整在另一个系统之中会引起非常复杂的反应，这些反应又会反过来影响你原来研究的这个问题，而且这些过程本身很难理解清楚。

在研究这些体系时，简单隔离法和可控实验法是很难操作的。

七、“雄鸡一唱天下白”

我们都知道在经济研究中，对经验数据的处理，通常只能得到相关关系，但是相关关系和因果关系有很大的不同。

我先举一个例子，中国唐代有一句诗叫作“雄鸡一唱天下白”。这句诗描述了一个观测，有两个现象：第一个现象是公鸡叫，第二个现象是天亮。它还描述了这两个现象之间的联系，就是公鸡叫总是先发生并预言着天要亮了。所以这是一个命题。

从这个描述之中，我们清楚地知道这两种现象至少存在着非常紧密的相关关系，而且公鸡叫总是在天亮前发生的，但是这并不意味着公鸡叫是天亮的原因。

我们如何知道公鸡叫不是天亮的原因呢？从这个命题本身，从它们密切的相关关系，从公鸡叫先发生这些角度，我们都是无法知道的。我们能够很幸运地知道这一点，需要其他一些知识。

这些知识至少可以通过两种途径获得，第一个途径是现代天文学以令人信服的证据告诉我们，天亮不亮和公鸡叫是没有关系的。我们接受现代天文学的这些结论，我们知道这是跟地球围绕太阳转有关系，而跟公鸡叫是没有关系的。但是这些知识在我们刚才的数据处理系统之外，是一些额外的知识。如果没有这些额外的知识，我们就不会知道公鸡叫和天亮之间有没有因果关系。

第二个途径就是通过对鸡瘟的研究。鸡瘟使得大量公鸡都被宰杀，但是天照样准时地亮起来。这样一个自然实验清楚地表明它们之间不可能有因果关系。即鸡瘟这个自然事件导致公鸡叫这个现象被控制住了，没有公鸡叫了，但是天照样亮，所以说明它们之间是没有因果关系的。从这个意义上来讲，鸡瘟提供了一个类似的可控实验。在这个系统中，把这个变量控制住，结果却不变，所以两者之间没有因果关系。

八、“诗必穷而后工”

我们知道，许多实证的经济研究处理的都是相关关系。比如很多人通常说 M1 跟股市有什么样的关系，物价跟哪些因素有什么样的关系。这些论证在方法上都是基于相关性的一些描述，两条线拉在一起，比较认真负责的还去计算一个相关系数，不认真负责的，就说：“你看，你看，这两条线很像!”但是原则上都是基于对相关关系的描述。

在密实的理论研究中，我们探究的是因果关系。那么我们要问的是：因果关系和相关关系的区别在哪里？弄清楚这一区别对理解和厘清经济研究是非常重要的。那么因果关系和相关关系的区别在哪里？

如果 A 是一个现象，B 是一个现象 ，C 是我们没有看到的一个现象。

如果 A 与 B 之间存在相关关系，那么可能存在三种情况，第一种是 A 导致了 B，A 是 B 的原因；第二种是 B 导致了 A，B 是 A 的原因；第三种是 C 同时导致了 A 和 B，C 既是 A 的原因，也是 B 的原因。

如果我们不能排除 C 的存在，我们就无法断定 A、B 之间的相关关系可以上升为因果关系。此外，知道这个因果关系是沿着 A 到 B，还是沿着 B 到 A，也不太容易。这些问题是实证研究非常大的困难。

可制实验的好处就是可以把这个 C 给排除掉。而天文学，比如说研究地球和太阳的运动，非常大的好处是即使这个 C 是太阳的表面温度，是太阳的元素构成，但是它跟 A、B 之间没有关系，你可以认为它不存在。

但是在经济研究之中，C 太多，B 到 A 的情况太多。所以从作出预测到观察事实，观察的事实跟预测之间的联系如果用因果关系的链条来梳理的话，有非常大的不确定性。为了说明这一点，我举一个例子。

中国古人喜欢写诗，觉得其中学问很大。那么怎么写出好的诗呢？一个重要的概括是："诗必穷而后工"。很多人认为这个命题描述的是因果关系，但是在我看来，它描述的顶多是一个相关关系。

"穷"是什么意思呢？就是不得志，不是贫穷，是郁郁不得志。"穷则独善其身，达则兼济天下"，这个"穷"也不是贫穷，而是指不得志，不能施展自己的抱负。

中国过去的知识分子老是希望被皇帝和政府赏识，如果没人赏识他，就故意躲到山林里边等着别人来赏识，这就像有些女孩子涂脂抹粉，游走于闹市之间，目的是提高回头率，这是一样的心态。所以"穷"本质上是不得志，没有人赏识他，政府不理他，然后躲到山林里还是不理他。

政府不追求他，他就没有钱呀，没有钱没有很好的地位，然后回家老婆就跟他闹别扭，出去喝酒动不动还要赊账，他就会有很多的问题。

"穷"，这是一个现象；"工"，是另一个现象，就是他的诗词写得很好。诗词写得好有很多标准。第一是格律非常地好，汉语作为一种单音节的语言，对格律的要求是非常非常高的。以我们现代人的眼光来看，苏东坡的诗词写得太好了，但李清照作为和他同时代的人，却说苏东坡的诗词不够好，原因就是"不谐音律"，在音律、音调的和谐、押韵方面有很大的问题。

第二是意境很高。所谓"意境"，我体会就是一种幻觉，是通过语言和格律等去刺激你的想象产生的一种幻觉。如果这种幻觉让你感到很舒服，那么就说这首诗很“工”。

“诗必穷而后工”，这句话描述了两个现象，第一个现象是“穷”，第二个现象是“工”。很多人都认为这句话描述的是一种因果关系，因为“穷”，因为郁郁不得志，所以才能写出很感人的诗歌。所以“穷”是现象 A，“工”是现象 B，他们认为因果关系是 A 导致 B。

但是我后来很仔细地研究了这个命题，我认为中国在上千年的时间里，以现代科学研究的方法来看，对这个命题的解读几乎注定是错的。为什么呢？我们至少可以提出两种竞争性的、令人信服的解释来说明这种解读可能是错的。

第一，诗写得很好是要花工夫、花心思去琢磨的，不是随便能写出来的。李白的很多诗看起来写得很轻松，实际上他没事干，骑在马上都在琢磨，琢磨音节、格律和意境。

一个人的精力是有限的，如果你花心思去琢磨格律，你就没有办法去琢磨领导的心思、去琢磨周围的同事在想什么，你就没有办法去琢磨怎么样把股票炒好。所以，“工”是因为你喜欢“工”，你花了很多心思在那个方面，那么你花在主营业务上的心思就很少，自然你的业绩就很差，老板就不会喜欢你。老板不喜欢你，你就肯定领不到奖金，也提拔不了，所以你就“穷”。

这是第一种解释，认为因果关系是倒过来的，是“工”导致了“穷”。

举几个例子，李白受玉真公主之荐入宫，李隆基非常喜欢他。李隆基动不动带着杨玉环在宫里耍，但是老觉得不痛快，因为爽的感觉不能长久地保留下来，不能很好地抒发出来，找了很多御用诗人都写得不透彻，就把李白叫过来。

李白当时还不知道要让他干什么，听了吩咐了以后，一提笔，流传千古的诗就出来了，“云想衣裳花想容”等等。但是李白在宫里只待了两年就被赶出来了，为什么呢？同事在背后诬陷他，嘀咕他，琢磨他，说他的坏话；他的上级也拼命给他使绊子，非常地不爽。他们联合起来在李隆基面前扎他的针，扎了一针又一针，到后来李隆基实在受不了了，“赐金放归”，给了他很多钱，你出去玩儿吧，实在罩不住你了。

从根上说这是为什么呢？就是因为李白在写诗这个层面上花的心思太多。李白的情商不会很高，所以他既不揣摩领导的意图，也不揣摩同事的想法。同事都在他背后使绊子，他茫然无知，出去以后琢磨了很多年终于明白了。后来他落魄时写的回忆这段生活的诗歌，是充满很多牢骚的，就是同事陷害他，这帮王八蛋真坏，他写过一些这样的诗歌。

以李白的案例来看，“工”完全有可能是“穷”的原因。因果关系完全可能是倒过来的。

第二，还有一种可能性，就是存在一个 C。怎么来提出存在 C 的理论呢？这个理论也是很容易提出来的。为什么张三生下来数学就学得很好，李四怎么学都学不明白呢？因为人的天分是不一样的。这个天分就是我说的 C。

有的人生下来感情就比较脆弱，非常多愁善感，听到秋风吹动树叶的声音就会流泪，有的人听了啥感觉也没有，这就是天分的差异。

如果你是一个听见秋风就会流泪的人，你的本性是这样，那么你的诗歌就容易写得很好，因为你对世界的观察体会非常细微，你有一个高傲细微、敏感脆弱的心灵。你自己首先被感动了，你写出来的东西就容易感动别人。所以这个 C 就是你的天分，你的天分会导致你的诗歌写得很好。

如果你的心灵天生如此脆弱，领导批评你两句你马上就哭鼻子，哭完鼻子就怠工，怠完工就提交辞呈，那么你奖金肯定领不到，更别说提拔了，这样“穷”就是不可避免的。

在社会上、在人群里混，人群本质上是一个丛林社会，相互利用、弱肉强食、优胜劣汰。一颗脆弱高傲的心灵在人堆儿里是很难混得开的。所以这样一个C就必然导致“穷”这个现象。

如果这个解读是对的，那么A和B，“穷”和“工”之间是没有因果关系的，两者之间只是一种相关关系。

我们举这个“穷而后工”的例子是想说明，我们看到的大量经济现象和很多的社会现象，如果仅对它们进行统计手段的处理，只能得到相关关系。要想获得对世界的洞察，并以这样的洞察为基础，获得对世界的比较稳定可靠的预测能力，我们就必须探索因果关系。

但是从相关关系跨越到因果关系，这条沟有多宽呢？这本质上要排除C的存在，或者说认为C不存在。而“C是不存在的”，这一命题可能是无法证伪的，至少在绝大多数时候很难，除非是受控实验。

九、“上帝是存在的”

如果我们再回到哲学层面上，除了前面讨论的形式逻辑、实证精神、因果关系与相关关系外，可能还需要对研究再施加一些约束。

科学哲学20世纪最重要的发展之一是：命题在原则上必须是可以证伪的，也就是说原则上我们必须能够证明它是错的。

举一个例子，“树叶是绿的”，这个命题在原则上我们能够证明它是错的，方法就是我们找到一片黄色的树叶。

在我们找到一片黄色的树叶之前，我们相信这个命题，我们认为它是对的。但是直到我们找到了一片黄色的树叶，马上就能推翻这个命题。

黄色的树叶只要找到，就能够证明“树叶是绿的”这个命题是错的，这就是说在原则上这个命题是可以证伪的。

但是，有一些命题是无法证伪的，比如说，“上帝是存在的”。这个命题你无法证明它是错的。

英国一个很著名的天文学家对公众演讲，介绍现代天文学的发展，用望远镜我们看到了多远的世界，最后的结论是“上帝是不存在的”。

然后一个虔诚的基督教老太太一句话就推翻了他，她说：“你用望远镜看了那么多的东西，你用望远镜看到过风吗?”

我们都知道风是存在的，而望远镜既然连风都看不到，那么你用望远镜看了全宇宙，没看到上帝，你怎么就知道上帝是不存在的呢?

“上帝是存在的”，这个命题是无法证伪的。我们在家里的厨房和冰箱里没有找到上帝，但是这并不能证明上帝不存在，只能说明上帝不存在于你家的冰箱和厨房里。航天飞机到了 360 公里的高空，到处转了一遍没有找到，那也不能说明上帝不存在，上帝可能在你没有去过的地方。在原则上你无法证明这个命题是错的。这个命题在哲学上和“树叶是绿的”这个命题是不一样的。

宗教成功的秘诀之一就是，它的许诺、命题和预言等，都无法证明它是错的。

这些预言你在原则上都无法证明它们是错的。

但是现代科学的所有命题在原则上都必须有方法证明它是错的。不见得它已经被证明是错的，但是原则上必须有方法能够证明它是错的。在它被证明是错的之前，我们先相信它，直到它被证明是错的，然后我们去接纳一些新的命题。

所以，作为科学研究的命题，在哲学上必须具有这样的特征：本质上是可以被证伪的。我们观察现象，提出一个理论，从这个理论作出了很多的预测，所有的预测在原则上必须是可以证伪的。这是卡尔·波普尔对科学哲学思考的非常重要的贡献。

为什么经验证据的分析中很难厘清因果关系和相关关系呢？一个重要的原因是，你需要排除 C 的存在。但“C 是存在的”这个命题就像“上帝是存在的”一样，是很难证伪的。

十、“上帝难以琢磨，但他并不邪恶”

我们观察 100 个现象，可以提出 10 个理论，每一个理论解释 10 个现象，都很成功，这是第一种做法。

第二种做法，提出一个理论，解释这 100 个现象，对每一个现象的解释都不是那么成功，但是它可以解释所有的现象。

这两种做法，哪一种是正确的呢？科学研究所遵循的一个原则，一般认为第二种方法是正确的。

有什么道理吗？没有特别显然的道理，第二种方法更简单，这是一种信仰。

为此我举两段科学史上的例子。哥白尼最早认为地球绕着太阳转，并且轨道是圆形的。

这个理论非常简单，太阳在中心，所有行星都围绕太阳转，当时人们还不知道太阳系之外的其他星系。在这个理论提出之前，主导性的理论是托勒密的“地心说”。“地心说”对世界的描述要更复杂，特别是在描述其他行星轨道的时候。

哥白尼的“日心说”提出来的时候，在预测上并没有托勒密的“地心说”成功，很重要的原因是他假定轨道是圆形的，但是本来轨道是椭圆的，因此预测与经验观察的误差是比较大的，而托勒密的预测同经验观察的结合程度要紧密得多。

但是欧洲科学界一流的学者私下里都认为哥白尼是对的，这不是因为它跟经验证据吻合得好，而是因为它简单。从过去几百年的科学史来看，实际情况也是这样，简单优美的理论往往战胜复杂的理论。

最后我再讲一个段子来结束我的陈述。

爱因斯坦的理论非常重要的一个前提是：光速是恒定的。在相对论提出一段时间以后，它还没有被普遍接受。在一次错误的测量中，人们发现这个假设是不对的。

爱因斯坦当时已经非常有名了。这个结果出来后，有人问爱因斯坦对此怎么评价。爱因斯坦说了一句话：“上帝难以琢磨，但他并不邪恶。”这句话像诗一样，很优美，但也很难理解。

很多年以后，爱因斯坦的理论几乎被所有人接受。他的一个朋友斗胆请教爱因斯坦当时这句话是什么意思，爱因斯坦解释说：“上帝隐藏他的秘密，是因为他本性高傲，而不是凭借什么狡猾的手段。”

这就是说，这个世界原则上是可以理解的，而且可以用很简单的方法去理解。如果你弄了一堆很复杂的方法，那么几乎注定是错的。

“上帝隐藏他的秘密，是因为他本性高傲”，就是说事情很简单，但是由于上帝本性高傲，轻易不让你知道；“狡猾的手段”，就是把事情弄得很复杂，你怎么都摸不清楚。

希望我们所面对的世界，在原则上也是简单的。

我所理解的宏观研究[①]

十年以前，我曾经写过一副对联，上联是："解释过去头头是道，似乎有理"；下联是："预测未来躲躲闪闪，误差惊人"；横批是："经济分析"。这当然是调侃，但也不全是杜撰。

当今的经济理论在方法上日臻精巧，在思想上直指本性，研究对象包罗很广，数据处理相当复杂，常常给人以深刻的震撼和启迪，这是没有疑义的。但与自然科学和工程领域在预测和操控方面的巨大成就相比，经济分析面对未来提供卓越的预见性和前瞻性预测的能力仍然比较逊色，这应该也是很清楚的。

① 2012年夏初，有位清华大学的研究生写信给我，谈到他在实习期间从事市场研究过程中的一些困惑，希望我能够提一些建议。以己昏昏，使人昭昭，这显然是我难以胜任的工作，并且还有误人子弟的风险。但想来想去，借这个机会谈一点我的感受，如果能够抛砖引玉，推动有关话题的深入讨论，应该还是有意义的。因此以个人过去多年从事市场研究的反思和感悟为基础，写了这篇回信，对市场研究的哲学基础及其局限等作了一些讨论。

人们对于世界的认识总是要从对历史数据的研究出发，因此对未来具备预测能力需要一些重要的假设，即未来在本质上是对过去的重复。对于日升月落、寒来暑往这样的自然现象而言，这样的假设大体上是站得住脚的。对于经济波动、市场起伏而言，这样的假设在一些时候大致说得过去，但在本质上未必能够成立。

原因是比较清楚的，例如经济主体和政府能够从过去的经验中学习，并调整自己的行为，这显然会影响经济活动的路径；人们总是基于对结果的预期采取行动，这本身有时候会改变结果（有时候也可能强化结果）；技术变化对经济活动具有广泛和难以预知的影响，而且技术演变本身是无法预测的。根据索罗斯的看法，在人们的认识和经济现象之间还存在反射性过程。如果确实如此，那么预测就几乎是不可能的。

研究总是从简化开始的，爱因斯坦说理论要尽可能简单，但又不能太简单。从学术的角度看，经济分析可以（并且似乎总是）专注一点，不及其余。在尽可能简单的情形下深入剖析所感兴趣的问题和内在机理，从而提出不同于前人的、逻辑上站得住的、能够自圆其说的看法，这可能就算过得去的学术研究了。

但市场研究的终极价值是提供对未来的准确预测，这使得从学术研究过渡到市场研究面临两个方面的困难：一是未来并非过去的重复，这使得预测在原则上是不可能的；二是即使未来是过去的重复，准确的预测需要对现实和历史全面和没有重要遗漏的认识和把握，而学术分析通常专注于其中的一个（也许是非常重要的）方面，这也制约着其预测能力。

因此，市场研究分析历史案例和经济周期，在未来能够重复过去的基础上，确实能够提供一些有价值的预测，但其局限性也很明显。

在操作上，这还涉及两个问题。

一是如何看待逻辑。

我曾经在很长时间里认为，评价一份商业研究报告，逻辑上合理是第一位的，预测的正误则是相对次要的。专业从事研究和分析的人可能大多持有这样的看法。现在我开始认识到，对于商业研究来说，尽管从长期来看逻辑和结果之间并无矛盾，并且都很重要，但如果确实要分出主次，那么结果的正确是第一重要的。这是因为作为商业活动，投资者最终追求的是结果，而不是理由，并且他们的绝大多数不具备经济领域的专业分析能力，当然也没有这个必要。

因此，一些商业报告的逻辑不很完美，依赖经验和主观判断的色彩也许比较多，但就取得正确结果而言，其商业价值是很大的。投资活动总是有不少艺术的成分。运气因素之外，其中对分寸的把握相当地依赖于经验、感觉以及个人的悟性。

二是如何看待历史。

对历史数据研究的深度和跨度取决于预测活动所需要的深度和跨度。如果我们要对未来20年的经济趋势进行预测，那么我们必须研究同样长，也许要更长时间的历史数据。如果我们要分析未来6～18个月的经济活动，那么研究过去几年的数据也许就足够了。从深度方面来说是一样的。

从商业的角度看问题，我过去的经验是：无论你研究的数据多么扎实、逻辑多么漂亮、思想多么原创，投资者最终可能只关心一个问题，或者只记住一个结果，那就是：你是看多，还是看空。这是投资者试图从宏观分析领域得到的最关键的结果。

简单地说，投资活动有两个决策：一是买不买？二是买什么？所以投资者从宏观研究中试图解决（也许是部分地解决）买不买的问题，从行业公司研究领域解决买什么的问题。

所以从现实情况看，投资者需要对未来 6～12 个月经济趋势进行判断，以解决多空问题；由于这样的原因，宏观经济分析需要专注于对过去几年数据比较全面的分析和把握，并重点回答三个问题：一是经济走向，二是政策立场，三是资金松紧。

宏观研究的潜在客户包括外汇市场、商品市场、债券市场和股票市场的参与者，不同市场的需求各有侧重，但大体如上所言。目前股票市场的投资者与券商研究之间存在稳定的商业模式，其他市场研究的商业模式还不很清晰。在实际工作中，宏观研究领域主要侧重股票市场的需求，顶多偶尔兼顾一下其他市场。

当然，宏观研究如果能够进一步回答行业层面的配置问题就更好了，但这多由策略研究来完成。

我个人认为，这样的环境决定了商业领域宏观研究的取向和方法，并使得它与学术领域的宏观研究存在基本的差异。

那么这种差异体现在什么地方呢？我的体会是三个方面：

一是数据把握要尽量全面。深刻的片面分析有巨大的学术价值，但在商业领域没有意义；全面的数据把握可能不够深刻，但也许会具有更好的预测能力。

二是重点关注方向和趋势，而不过分计较数值的大小和误差，不过分计较琐碎的细节。例如政策立场偏宽松，或者相当宽松，这是重点；至于加息次数、贷款规模等，相对次要一些。

三是作好数据在横断面上的交叉验证和横向比对，绝不轻信单一数据来源。过去几个月所发生的事件，对现在和未来几个月常会保留一些影响。从长期来看这样的事件也许是扰动，从目前来看它就可能是关键趋势。

对于短期数据分析，我们一般抱有两个假设：一是在横向上数据之间应该存在紧密的关联，并且可以相互印证和说明；二是一件事情的发生一定会留下一些痕迹，一定会在不同的领域都有所表现。

第一个假设的重要性在于框架，它使得我们可以合理把握和预期主要变量的方向，并且通过数据之间的相互印证对框架及其推论的合理性建立信心。

第二个假设的重要性在于识别冲击，从而把握对原来预测可能形成的偏离。

举例来说，如果总需求在扩张，那么在进出口、价格、利率、信贷、产出、资本流动、汇率、企业盈利等层面都会形成影响。通过同时观察这些广谱的数据变化，我们就可能剔除局部的扰动因素，保留对大的趋势的合理把握。

那么适合商业研究的宏观分析框架如何形成呢?

我的体会，基本的原则是逻辑的提出、预测以及与经验事实的比对(详见前文《光线是可以弯曲的》)。其中极为关键的一点是：逻辑必须能够提出可以观察的、确定的、排他性的预测（例如非洲蚂蚁的案例所显示的那样)，并得到经验事实的支持。也许我的学识过于局限，但以我来看，就服务于预测的目的而言，照搬教科书的分析或者西方的模型，故作高深地摆弄统计技术和数据，人云亦云地泛泛而谈，这些纸上谈兵式的做法并无实际意义。

最后，只有当未来代表了对过去的重复时，预测才有可能。但这样的假设许多时候并不成立，因此，对于商业研究及其预测能力的局限，我们必须抱有必要的认识；对市场和未来保持必要的敬畏，并祈求神灵，希望运气总是站在我们这一边。

第二章
分析通货膨胀

■ 为何在我们的框架中，工业品价格由全球供需和一价定律决定，而农产品价格受通胀预期决定？

■ 为什么花生比小麦更保值？

■ 为什么农村地区的蔬菜涨价比城市更快？

可贸易部门的通货膨胀

本章分别从不同侧面讨论中国的通货膨胀问题。本节首先讨论中国可贸易部门的通货膨胀，并试图强调在开放经济和相对固定的汇率制度下，以生产资料价格为代表的可贸易部门通货膨胀与全球工业品价格的波动相当一致。这本来在理论上是十分显然的，但在过去的研究中，对此的注意和强调却比较缺乏，这多少是有一些奇怪的。

在更现实的条件下看，中国已经从早期全球价格的接受者逐步成长为全球工业品价格波动的重要决定因素，但全球工业部门产出的变化、美元汇率以及石油冲击等仍然是决定工业品价格十分重要的因素。

一、全球生产者价格的同步性

我们观察图 2—1，很容易看到，中国和美国的生产资料价格指数在

1996年前后出现截然不同的走势。大概在1996年之前，两者相关性较小，而在1996年后两者出现高度的同步性。

这种前后的差异，以及中美PPI（生产者物价指数）的同步性在原则上并不难理解。

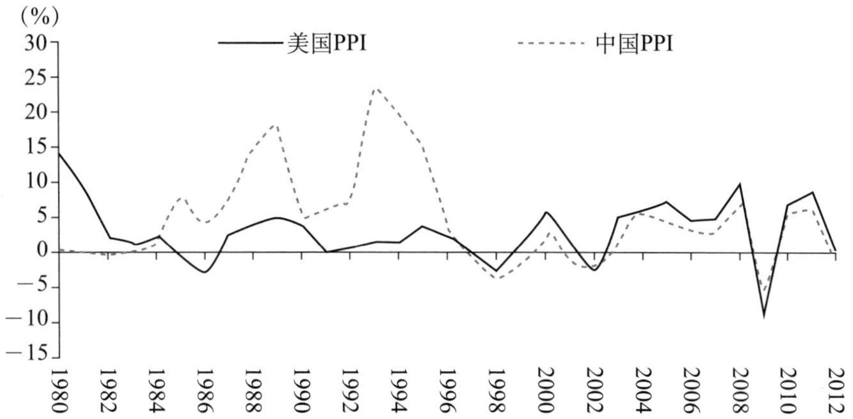

图2—1　中国和美国PPI的年度同比

说明：1981—1995年中国和美国的年度PPI相关系数为−0.19；1996—2012年中国和美国的年度PPI相关系数为0.94。

资料来源：Wind，安信证券。

工业品大部分是可贸易品，可贸易品要遵从一价定律。[①] 在1996年后中国开放国际收支经常项目下的货币兑换，并采取人民币钉住美元的汇率政策。在人民币对美元汇率相对稳定和货物可以自由流动、货币可以自由兑换（经常账户项下）的情况下，套利机制将抹平可贸易品价格的差异。

如果关税和非关税壁垒以及运输和分销成本的变动相对缓慢，那么国内外生产资料价格的同比波动将基本上是一致的。

---

① 在自由贸易、资本开放、无交易成本情形下，可贸易品全球统一定价，各国之间没有价差。

这种一致性在微观角度也十分容易理解，上游和中游的工业品，比如原油、铁矿砂、钢材等都是全球定价的。下游的工业品，包括电脑、汽车等都是可贸易品。最近十几年全球贸易变得更为便利，在一价定律的作用下，即使我们观察月度数据，主要经济体中国、美国和欧盟的PPI波动（见图2—2），及其拐点的出现都有较强的一致性。

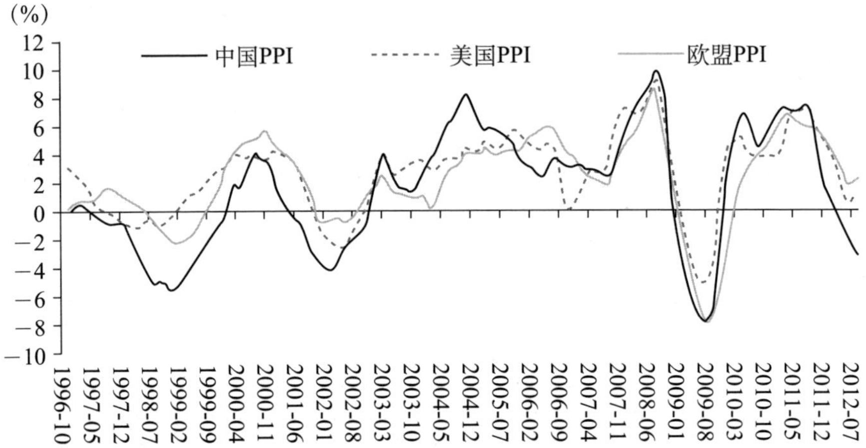

图2—2　中国、美国和欧盟的PPI月度同比

说明：月度数据进行3个月移动平均处理。欧盟PPI取的是欧元区17国的数据。

资料来源：Wind，安信证券。

二、主导PPI波动的因素

一价定律通过国际贸易，同步了全球可贸易部门的供需，从而使全球工业部门的活动变得越来越一致。最近几十年，信息技术和全球贸易的发展，以及全球分工的深化，都使得全球制造部门的变化更为同步。

即使在产品不那么标准化、可贸易程度较差的下游工业领域，价格的波动也呈现一定的同步性。

结合经验数据看，我们一般认为全球制造业需求的变化以及中国需求的强弱对 PPI 波动具有重要影响。此外，美元汇率的波动、大宗商品市场的冲击以及全球总供应层面的变化也是值得关注的。

我们认为，OECD 工业生产指数的月度波动大致可以衡量全球工业需求的变化。从过去 20 年的情况来看，OECD 工业生产指数领先美国 PPI 大约 3 个月左右，两者有较强的相关性（见图 2—3），这反映了美国的工业品价格也受到全球需求影响的事实。

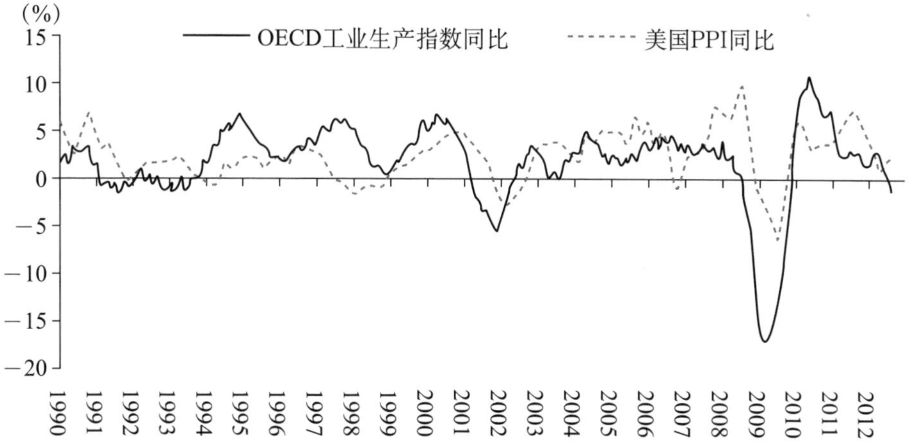

图 2—3　OECD 工业生产指数和美国 PPI 的同比

说明：对过去 20 多年的月度数据，用 OECD 工业生产增速对美国 PPI 增速进行回归，工业生产增速领先 PPI 大约 3 个月左右，相关系数在 0.5 左右。

资料来源：Wind，安信证券。

我们还可以观察到中国工业增速和中国实际进口增速存在密切的关联（见图 2—4），这说明中国工业需求的波动直接影响进口需求，从而影响全球工业品的价格。实际上，这是实现中国和全球工业品价格同步波动的重要基础。

大宗商品价格的波动并非都能由需求层面的因素来解释。历史上，

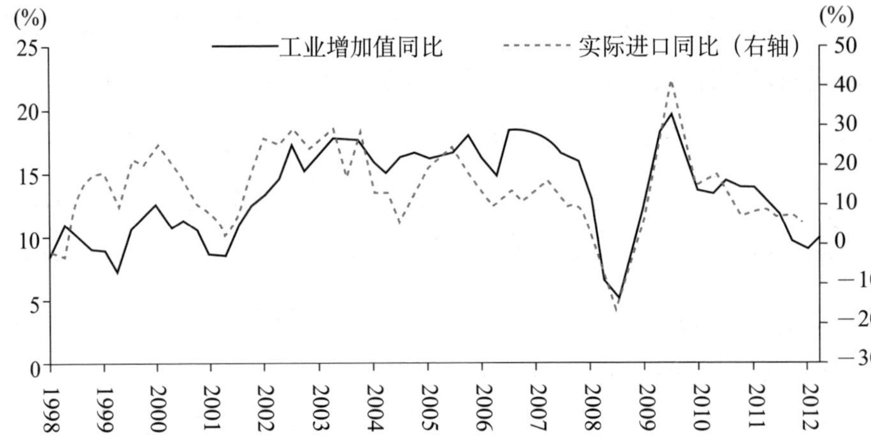

图 2—4　中国工业增加值和实际进口增速季度同比

说明：两者自 1998 年三季度到 2012 年四季度相关系数达 0.63。单变量回归分析进口增速相对工业增加值的弹性为 1.8。

资料来源：Wind，安信证券。

原油价格受地缘政治和战争的影响颇大。图 2—5 显示了地缘政治对原油价格有显著影响的几个时期。在这些年份原油价格上涨幅度都在 30%以上。这些供应面的冲击在一些年份对 PPI 产生了相当大的影响。

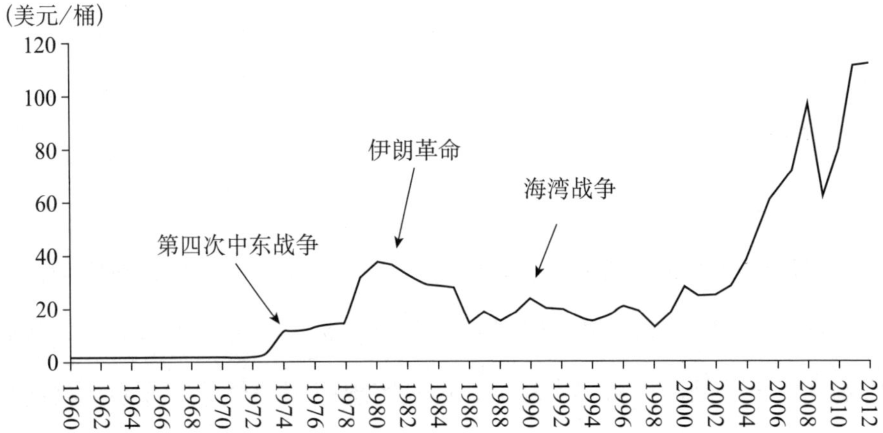

图 2—5　原油名义价格和战争冲击

资料来源：Wind，安信证券。

此外，对一国通货膨胀而言，汇率的波动也会对本国的价格水平产生影响。在其他条件不变的基础上，本国汇率升值意味着全球可贸易品价格的下降，这会压低本国生产者价格；反之，汇率贬值将提高本国的通货膨胀。

我们观察美国PPI通胀较全球的差别和美元指数之间的关联（见图2—6）。在1997—2008年之间，美元汇率波动和美国PPI相对全球的变化存在明显的负相关，这与理论预期一致。但在其他时候两者之间的负相关性并不强，甚至呈现较弱的正相关性。

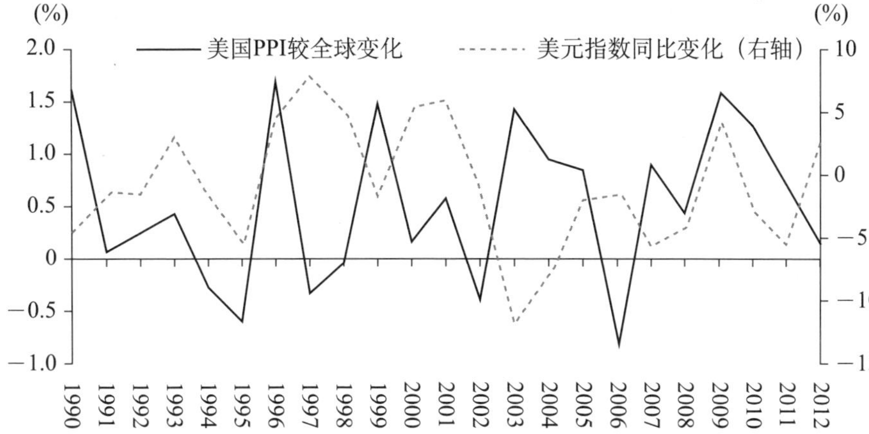

图2—6　美国PPI较全球变化和美元指数同比变化

说明：全球PPI是用欧盟、美国和日本的PPI同比，参考大致的经济权重的占比进行模拟计算而得出的。1990—2012年美元指数和PPI相关系数为−0.19。但1991—1996年之间和2008—2012年之间，两者之间有较弱的同向关联，相关系数为0.30。但1997—2008年之间，两者显著负相关，相关系数为−0.54。

资料来源：Wind，安信证券。

问题的关键在于：其他许多条件同时都在变化，正如本书第一章第一节《光线是可以弯曲的》所讨论的那样，这显示了在原则上对观察系统进行隔离的重要性，以及其在操作中的困难。

例如，如果美国经济相对其他经济体而言，出现周期性的走弱，那么美元汇率会贬值，同时美国 PPI 相对其他经济体也会走弱。在这样的情况下，美国 PPI 通胀较全球的差别和美元指数之间就会呈现正相关。这种情况在许多时候都存在，但在一些时候可能影响更大一些。由于这并非本节的重点，因此我们不对这一话题展开讨论。

可以指出的是，绝大部分时候汇率并不独立影响通货膨胀的方向，其对 PPI 变化幅度的影响也相对有限。但当一些冲击性因素导致汇率急剧变化时，汇率可能成为最重要的影响因素。

综合以上的分析，我们考虑中国 PPI 的决定因素有中国和全球工业需求的变化、美元汇率的变化（因为人民币汇率相对而言钉住美元）和大宗商品的冲击。我们利用 2002 年以来的月度同比数据进行统计上的回归，可以得到拟合方程：

PPI＝－1.79＋0.25×CIND（－3）＋ 0.16×GIND（－5）－ 0.19×USD（－2）＋ 0.12×CRB（－2）

式中：PPI 为中国生产资料价格，CIND 为中国规模以上工业增加值，GIND 为 OECD 工业产出，USD 为广义名义美元指数，CRB 为 RJ/CRB 商品价格指数。

方程的 R^2 超过 0.8，各主要变量在统计上也都具有较强的解释力。

拟合结果与实际值的对比显示在图 2—7 中。

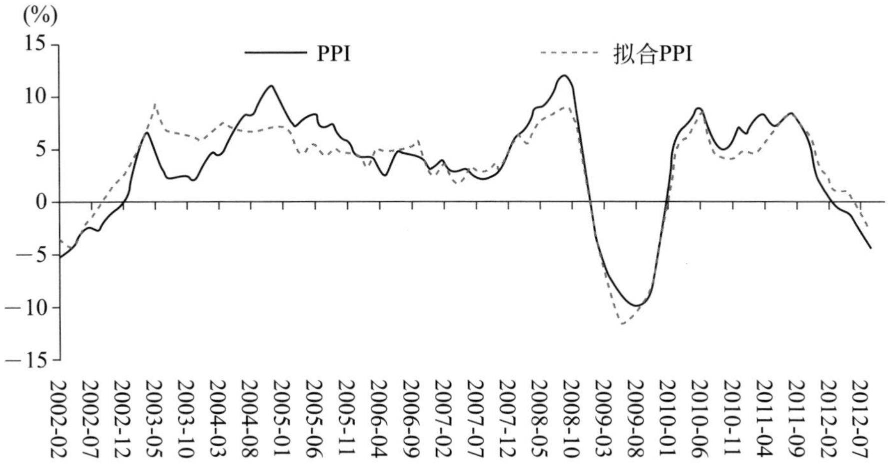

图 2—7　中国 PPI 和拟合值同比

资料来源：Wind，安信证券。

食品类通货膨胀

中国消费物价指数的波动主要为食品价格所主导，这是一个广为人知的事实。但奇怪的是，中国食品价格的波动与工业部门的通货膨胀高度同步，这多少令人费解，并使得基于作物歉收等微观证据的解释缺乏说服力。

北京大学的宋国青教授最早提出了农户部门通货膨胀预期的假说，并认为农户在“存粮”和“存钱”之间的竞争性选择导致了经济活动与粮食价格波动的同步性。在广泛的经济预测和政策实践中，这种假说似乎没有得到应有的重视。

本节试图提出进一步的排他性证据，以支持和推广这一假说。

一、食品和总物价趋势的同步性

从最近15年的情况来看，中国消费者物价指数的波动绝大部分来自食品价格的波动贡献（见图 2—8）。据此有人认为 CPI 的波动趋势主要取决于天气的情况、粮食的歉收，以及猪的疫病。那么，食品市场的扰动是不是中国通货膨胀的独立主导因素呢?

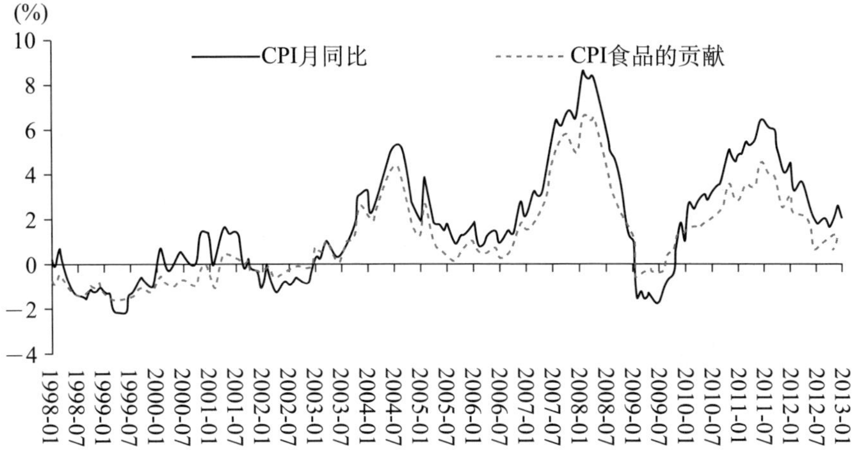

图 2—8 CPI 月同比和 CPI 食品的贡献

说明：CPI 食品的贡献是 CPI 食品月同比乘以食品的大致权重 0.3。

资料来源：Wind，安信证券。

我们首先回顾一下过去三十多年中国食品和经济整体的通胀情况（见图 2—9）。我们可以看到，改革开放以来的三十多年中，代表工业部门的第二产业 GDP 平减指数①和食品类价格指数表现出非常强的同步性。在最近 15 年其相关系数高达 0.85。

这两项指标的同步性，在逻辑上暗含了三种可能的作用关系：

第一种可能，食品通胀引发工业品的涨价，从而主导整体经济的冷

① 衡量商品和服务价格变化的指标。平减指数=价值指数/数量指数，以 GDP 平减指数为例，GDP 平减指数=名义 GDP 增速/实际 GDP 增速。衡量食品以外的通货膨胀较为完整的做法是考察第二、三产业平减指数。但在国民生产总值核算中，第三产业很多部门采用 CPI 作为价格指数，而中国 CPI 波动大部分来自食品。这种操作方式使得第三产业平减指数和食品价格具有高度的相关性，考察两者关系意义不大。

热；第二种可能，一些因素在引发食品通胀的同时，也引发了整体经济的冷热变化；第三种可能，整体经济的冷热、工业品的价格变化，诱发了食品类的通胀。

认为食品价格的波动带动了整体经济的冷热，这样的解释是缺乏说服力的。我们在前文可以看到，生产资料价格具有全球的同步性，其波动主要来自全球需求等因素的推动。很难认为全球工业品价格由中国的食品价格决定。

食品市场局部供求在影响食品价格的同时，引发了经济的冷热。对中国这样复杂庞大的经济体系来说，这种解释应该也很难成立。

可能的逻辑中，第三种相对比较合理：经济整体的冷热、工业品的价格变化诱发了食品通胀。

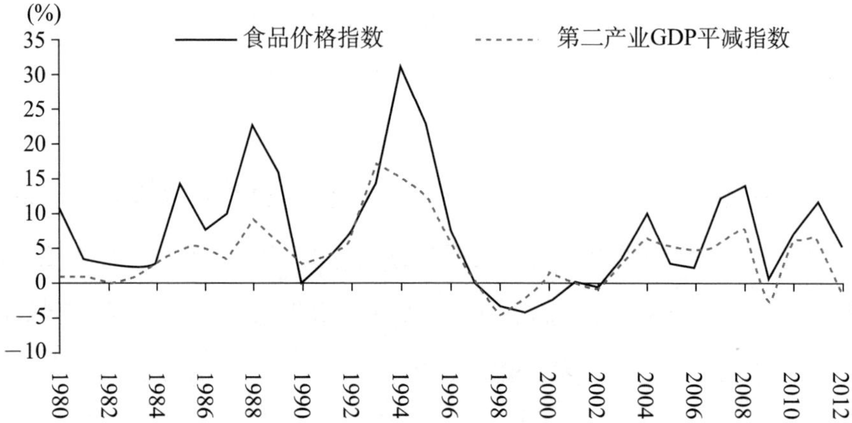

图 2—9　食品价格指数与第二产业 GDP 平减指数

说明：1. 限于数据的可得性，1994 年之前的食品价格指数我们采用了商品零售价格指数-食品，其后采用 CPI-食品。对二者重叠部分的考察表明，二者的数值是相当接近的。

2. 以食品价格指数对第二产业 GDP 平减指数回归，GDP 平减指数的系数在 1980—1994 年间为 1.29，拟合优度 58%；在 1995—2012 年间为 1.37，拟合优度 75%。

资料来源：CEIC，安信证券。

二、成本加成还是通胀预期？

那么整体经济的冷热如何影响食品价格？除了食品供需层面以外，至少存在两种机制可以使农产品和非农产品的价格同步起来：

第一种是成本传导：化肥、农药、薄膜和汽油的价格在上升，提高了农户的生产生活成本，通过成本加成的渠道影响了粮食价格；

第二种是通货膨胀预期：农户观察到化肥、种子、薄膜的价格在上涨，产生了通货膨胀预期，同时出现了保值需求。此时农户会减少货币现金的持有量，增加其他资产的持有量。

对农户来说，比较容易调整和增持的资产就是粮食和生猪等食品。在此条件下，农户就要囤积粮食和延长生猪存栏时间。在市场上，粮食和猪肉的供应就会减少，相应的价格也会上升。通胀预期通过存货调整的机制作用在农产品市场上，从而推动农产品价格的大幅上升。

成本加成和通胀预期是两种完全不同的机制。现实中到底哪一个更为重要？

我们对比农产品生产价格指数和生产资料价格指数（见图 2—10）。如果农产品价格上涨来自成本压力，那么生产资料价格的涨幅应该明显大于农产品价格的涨幅。

但实际情况是，在通胀较为严重的时候，农产品价格的涨幅大于生产资料价格的涨幅[①]，这使得农业种植和养殖利润在高通胀时出现大幅改善。

---

① 因为其他成本包括人工成本和土地租金，占比不小，但相对变动较生产资料价格要更小一些，所以农产品价格上涨大于生产资料说明成本推动是次要的。

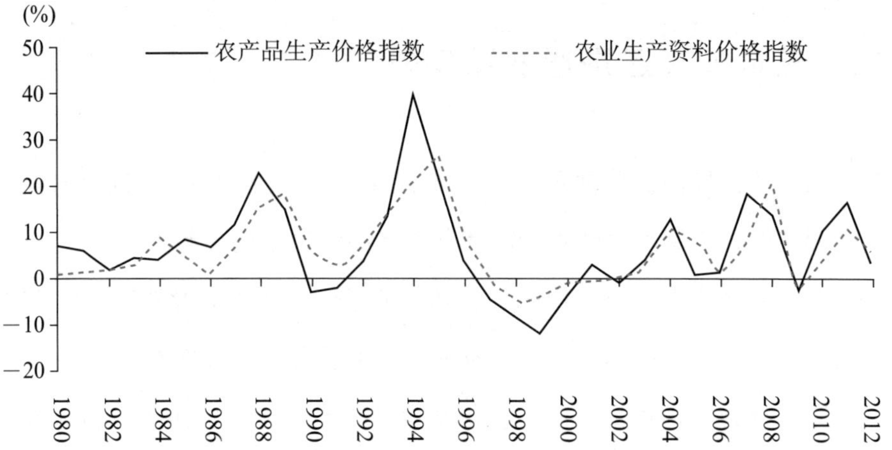

图 2—10　农产品生产价格指数和农业生产资料价格指数同比

资料来源：CEIC，安信证券。

我们用农村人均现金收入来衡量农民从事农业活动的收入。图 2—11 显示，农产品价格上涨总是伴随着农村人均现金收入的改善，这是成本加成机制难以解释的，但基于通胀预期假说则比较容易理解。

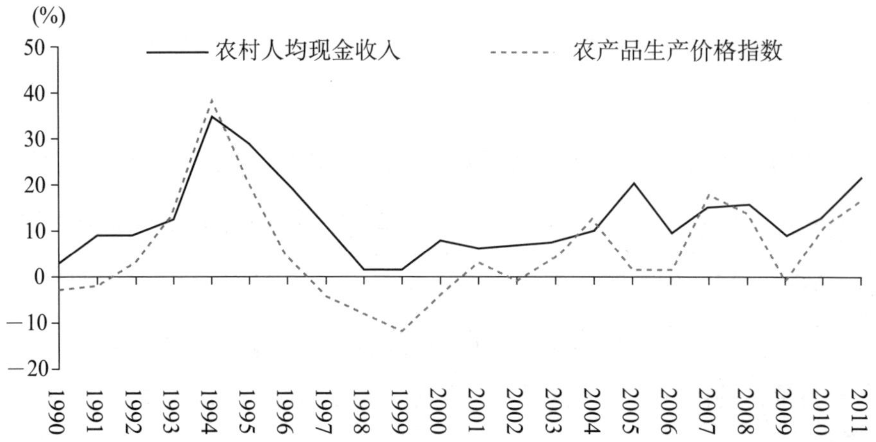

图 2—11　农产品生产价格指数和农村人均现金收入同比

资料来源：CEIC，安信证券。

在微观上，我们也容易发现，猪肉价格上涨时养猪利润更高，粮价上升时种粮收益更高。这些都说明成本加成可能不是农产品价格上涨的主导因素。

当然，食品价格相对成本的快速上涨也可以解释为需求的拉动或者供应的短缺，所以我们需要给通胀预期和库存调整假说寻找更多的证据支持。

三、通胀预期和库存调整假说的进一步证据

我们通过食品横断面的数据来验证库存调整在食品通胀中的显著作用。

我们将食品细分为：粮食、肉禽及其制品、鲜菜、菜[①]、鲜瓜果和干鲜瓜果。之所以作这样的细分，是因为新鲜蔬菜和瓜果很难储存。即使在通货膨胀的预期下，也很难作存货调整。

如果通货膨胀预期下的存货调整是价格波动的主要原因，那么一种食品越新鲜、越不能储存，存货调整的影响应该越小，对第二产业平减指数的弹性也应该越低，相关系数也应该越低。与此形成对比的是，如果成本加成的因素是最主要的，或者其他供需因素更加重要，那么不同食品在横断面上的弹性区别应该不大。

我们的估算结果显示，弹性（见图 2—12）和相关系数（见图 2—13）的结果是较为一致的：粮食和肉禽的弹性及相关系数较高，瓜果和蔬菜较低。横断面上的证据精巧地证明，库存调整是影响食品价格波动

① 菜包含鲜菜及其他相对易存储的加工蔬菜。

的主导因素。其他供需原因和成本加成机制在逻辑上并不能得出价格波动和存储难易程度的关联。

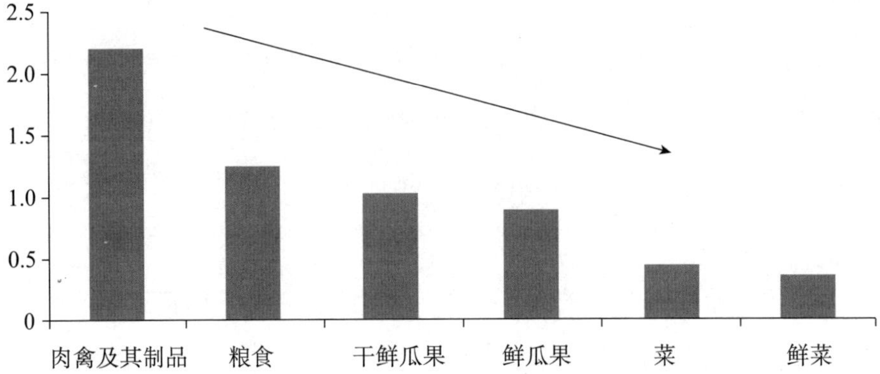

图 2—12 各类食品价格对第二产业 GDP 平减指数的弹性

说明：食品价格选取的是 1996—2012 年 CPI 食品分项年度数据。

资料来源：CEIC，安信证券。

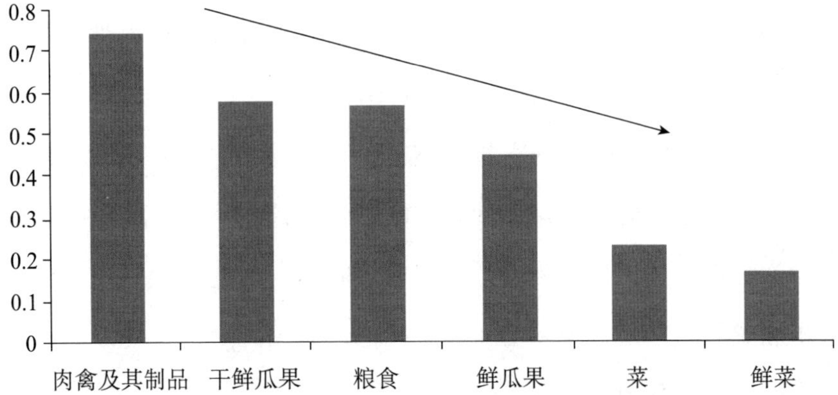

图 2—13 各类食品价格对第二产业 GDP 平减指数的相关系数

说明：食品价格选取的是 1996—2012 年 CPI 食品分项年度数据。

资料来源：CEIC，安信证券。

最直接证明库存调整的方法是观察库存的变动，比如观察粮食库存的变化，但这方面缺乏可靠的数据。然而存在相对可靠的中国生猪养殖的存栏和出栏量数据，这使得我们可以直接检查这一市场的证据。

我们知道，当农户有通货膨胀预期时，农民倾向于将生猪延迟出栏（被称为“压栏”）。此时存栏上升、出栏减少，生猪周转时间变长。

我们观察生猪市场过去十几年的总量周转时间（见图 2—14）。因为技术进步等原因，过去十多年生猪总量周转时间在趋势性地缩短，但考虑趋势变化后容易发现在 2007—2008 年生猪价格大幅上涨的过程中，生猪出栏量相对明显减少，周转时间较历史趋势水平显著延长；在 2011 年生猪价格上涨的过程中，也出现了周转时间延长的迹象。

在猪肉价格上涨的过程中，出栏量的减少说明对猪肉的需求变动并非价格上涨的原因，而周转时间延长和存栏量上升说明生猪供应并非短缺。从周转时间延长和价格上涨来看，农户的通胀预期和库存调整是驱动生猪市场波动的主要原因。

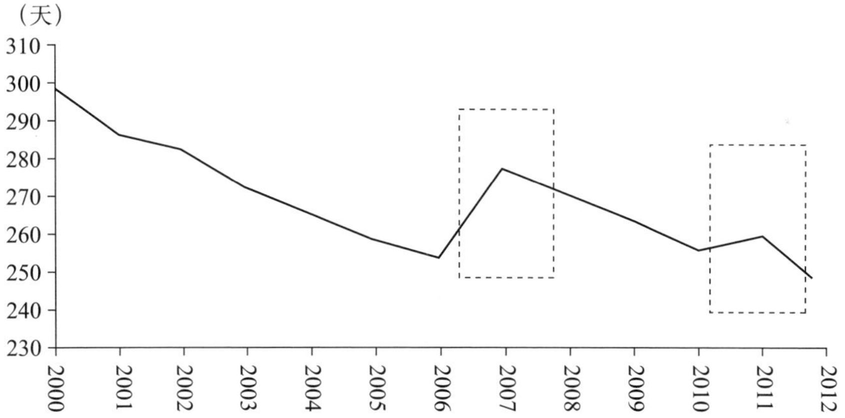

图 2—14　中国生猪养殖的周转时间

说明：$\text{周转时间}=\frac{365\times 0.5\times（\text{年初存栏量}+\text{年末存栏量}）}{\text{出栏量}}$。

资料来源：CEIC，安信证券。

这些证据和分析暗示：从短周期意义上讲，存货调整是农产品价格波动的最重要原因。存货调整是因为农户产生了通货膨胀预期，需要调整资产配置。而可供农户选择的空间相对比较有限，农户会增持一些容易保存的农产品，例如囤积粮食和延长生猪出栏时间等，从而造成市场上相应的农产品供应减少和价格上涨的局面。

值得讨论的是，为何在我们的框架中，工业品价格由全球供需和一价定律决定，而农产品价格受通胀预期决定？

这是因为中国的农产品市场存在贸易壁垒，相对封闭，同时初级农产品较为标准化，需求的价格刚性较强，生产对价格的反应具有滞后性，这些属性使得通胀预期和库存调整能够左右农产品价格的波动方向。

四、农户的通胀预期

农户通胀预期对于食品价格波动较为重要。农户的通胀预期如何观察和预测呢？通胀预期向来被认为是难以界定和测量的变量。从理论上，农户容易感知到的生产生活成本的变化可能是通胀预期的重要来源。

除了我们要解释的食品价格之外，生产资料和人工价格是农户容易感受到的价格。农户从事农业生产和建房等投资活动感受到的成本变化和生产资料价格密切相关。而农业生产中的雇佣成本、机会成本，以及服务业的价格都和人工成本密切相关。

如果这些看法能够成立，那么我们就可以用生产资料价格和人工成本来衡量农户可以感受到的通货膨胀。因为人工工资的波动不会很剧烈，所以一般情况下我们用 PPI 就能衡量农户感受到的通货膨胀。

从过去十几年的情况来看，PPI 价格波动和食品具有较强的同步性。

预测食品价格趋势变为预测 PPI（见图 2—15），这在前文中已经讨论过。

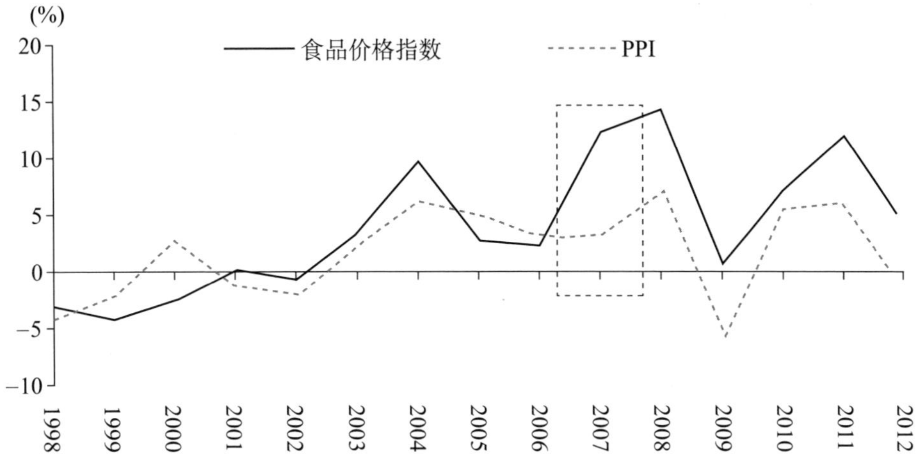

图 2—15 PPI 和食品价格指数

资料来源：CEIC，安信证券。

需要指出，2007 年可能是个重要的例外。当年 PPI 生产资料价格涨幅并不明显，但食品价格显著上涨。从平均工资和城镇可支配收入来看，2007 年的上涨在过去十几年中是最为惊人的（见图 2—16）。

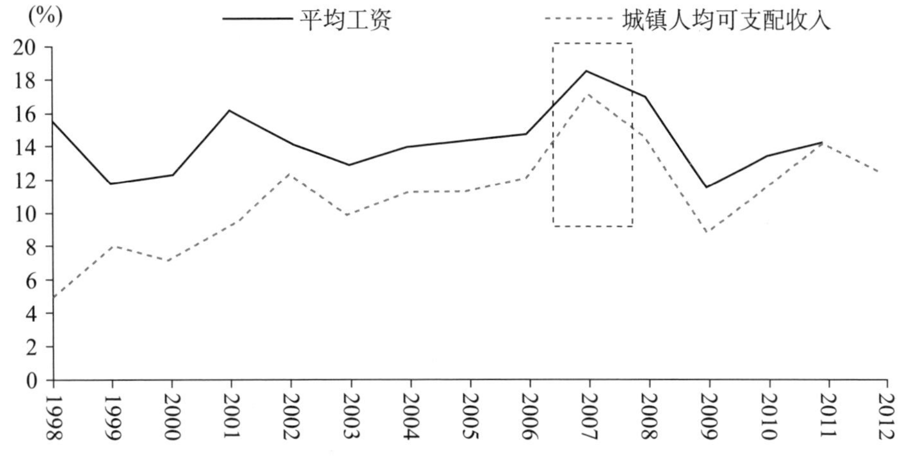

图 2—16 平均工资和城镇人均可支配收入的增速

资料来源：CEIC，安信证券。

我们迄今能够提出的推测是，尽管当年的生产资料价格基本稳定，但人工成本的显著上升引发了农户的通货膨胀预期，从而拉高了 2007 年的食品通胀。

至于为什么人工成本会出现如此惊人的上升，这是后面的产能周期中试图分析的问题。

刘易斯拐点与食品类通货膨胀

在前面的讨论中我们知道，中国消费物价的波动为食品价格所主导；由于农户的通货膨胀预期和存货调整，食品价格的波动与生产资料价格和工资变化在很大程度能够一致起来。

我们也知道，在食品生产过程中，农业劳动力是非常重要的投入要素。这意味着，如果农业劳动力的工资水平出现快速上升，那么这势必影响食品价格的形成过程。本节主要讨论农业劳动力工资对中国食品通货膨胀的影响。

我们认为，与刘易斯拐点机制相联系，中国农业劳动力的工资自2005年以来出现比较快速和持续的上涨，这推高了农产品的生产成本和市场价格。由于食品价格的波动与广泛的价格压力相一致，农业劳动力工资上升的影响主要体现在食品价格的平均涨速（即波动的中枢水平）的抬高。

一、刘易斯拐点

刘易斯在 1954 年的论文《劳动力无限供给条件下的经济发展》中提出了针对发展中国家的二元经济理论模型。[①]

刘易斯把发展中国家经济区分为现代部门和传统部门，现代部门以制造业为代表，传统部门以农业为代表。

制造业部门存在持续的技术进步，以利润最大化为导向。资本存量是其唯一的约束，利润是资本积累的最重要来源。企业家们将获得的大部分利润用于储蓄和投资，使得整个制造业部门不断壮大。

农业部门是一个维持自身生存需要的部门，生产方式落后，劳动生产率低下，技术进步停滞。整个部门存在大量的剩余劳动力，包括零值劳动力（边际产出为零的那部分劳动力）和不充分就业的劳动力（边际产出大于零，但是小于最低生存费用的那部分劳动力），依靠家庭和社区互助，勉强维持生计。剩余劳动力成为制造业部门扩张所需的“劳动力储存库”。

在农业部门存在大量剩余劳动力的情况下，农业部门的低收入决定了制造业部门的低工资，一方面使得工业部门总是可以按照不变的工资水平雇到所需要的劳动力，劳动力供给无限；另一方面保证了企业家的利润份额以及整个制造业部门的扩张。

当农业部门的剩余劳动力被充分吸纳的时候，劳动力在农业上的边

① 对刘易斯模型的改进很多，比如兰尼斯-费景汉模型考虑了农业部门为工业部门提供食品，强调工业与农业均衡发展；托达罗模型考虑了城市的失业。这些改进非常重要，但对于本节来说，运用刘易斯模型的基本思想已经足够。

际产出开始高于其维持生计的水平。此时制造业部门的劳动力供给曲线由水平变为向右上方倾斜，工资水平开始随着就业扩张而快速上涨。这一转折就是所谓的“刘易斯拐点”。

二、为什么花生比小麦更保值?

图 2—17 是不同种类农产品的散点图，其横轴是不同农作物由它们各自的生产技术所决定的劳动力占生产成本的比例，度量了不同作物生产过程中劳动力的密度。越向右边，农作物的劳动力密集程度就越大。例如，为了生产给定的产量，最右侧的谷子、花生和油菜籽对劳动力的消耗密度要比小麦和粳稻大得多。

该图的纵轴是 2000—2007 年期间，不同种类农作物价格的累计涨幅。我们使用长时间序列的价格累积涨幅，最重要的目的是为了剔除农产品自身周期的短期波动影响。例如洪涝灾害、国家对粮食市场的干预、国际粮食市场的波动等，这些因素在短期之内对粮食价格的形成过程都会产生一些影响，但是如果我们用较长时间的累积涨幅，这些影响在很大程度上就可以消除掉。

在这个散点图上我们能明显地看到一条向上倾斜的直线，即它们呈现明显的正相关关系，简单的相关系数超过 0.7，拟合优度等统计指标也在非常高的水平上。[①]

这种显著的正相关关系在经济上只有一种解读方式，就是：在过

① 我们知道，对一般的横断面数据处理来说，拟合优度能超过 30%就会是非常好的结果。实际上，大量的文献报告的拟合优度只有百分之十几，大约也会认为这些结果在统计上是有意义的，所以我们的这个结果在统计上是非常强的。

去这几年，导致农产品价格此起彼伏连续上升的关键因素是农业劳动力成本的上升。用其他一些因素，比如洪涝灾害、农产品周期、美元汇率等因素去解释农产品市场的价格变化，在横断面数据上都不可能得到这一结果，即粮食价格涨幅与劳动力密度呈现如此强的相关关系。

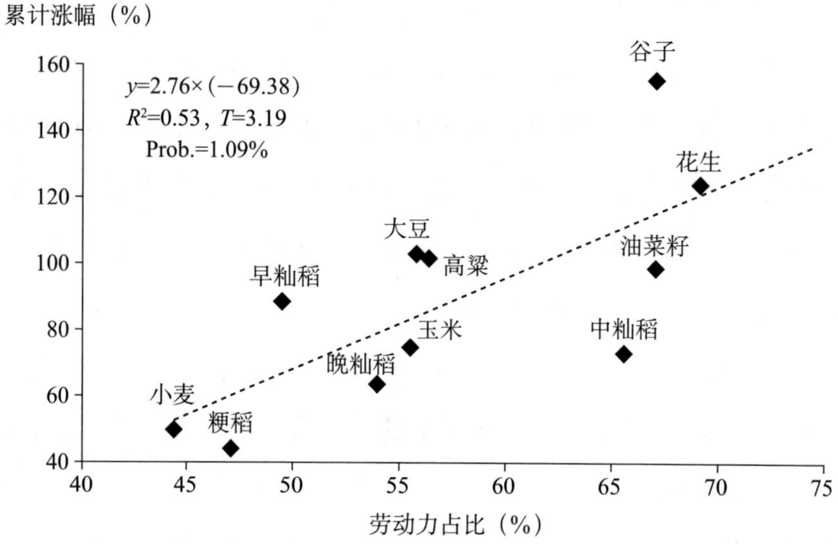

图 2—17　中国不同劳动力密集型的农产品的累计涨幅（2000—2007）

说明：1. 劳动力占比的计算方法是在产值中扣除物质费用和土地成本等占比。因为一般统计方法的劳动力作价是从消费端考虑，所以存在低估的偏误。

2. 劳动力成本占比计算的是最近三年的平均，特定农作物的劳动力成本占比在过去七年发生过系统性的变化，但农产品之间相对的劳动力密集度的次序关系没有太大的变化。

3. 趋势线拟合方程显示涨幅和劳动力占比存在显著正相关性。

资料来源：全国农产品成本收益资料汇编，安信证券。

这样的结果说明：尽管短期灾害性因素从一两个月，甚至一两年的时间来看，对农产品价格可能有明显的影响，但从比较长的时间来看，影响农产品价格的主导性因素是农业劳动力成本的上升。

换句话说，花生能够比小麦更保值，这是因为前者生产过程的劳动力密度比后者更高。

批评者或许认为这一结果与农产品用途的变化有关系，例如花生更多用来榨油，以及消费结构变化带来了食用油消费的加速；或者受国际粮食价格变化的影响，例如生物柴油、玉米乙醇等。

对于批评之一，我的看法是：如果认为农产品市场是充分竞争和没有超额利润的，那么无论其用途如何变化，其长期价格都反映着成本的变化，这使得我们可以清晰地识别劳动力成本上升的影响；对于批评之二，我的看法是，在个别农产品领域，例如大豆，中国高度依赖国际供应，但在绝大多数农产品领域，迄今为止中国市场相对隔绝在国际市场的波动影响之外，这可能反映了农业领域自力更生战略的影响。

此外，为了使得这一证据更加有力，作为对比，我们还使用同样的方法对 1990—2000 年期间的数据进行了处理。

如果说在 1990—2000 年的十年中，劳动力成本并没有快速上升，那么按照前面的逻辑，我们将会看到的结果是，在农产品价格的横断面上，我们不可能看到价格涨幅与劳动力密度之间存在显著的正相关关系。

数据处理结果正是如此。如下我们容易看到，图 2—18 与图 2—17 形成鲜明的对比，清楚地表明在后一时期（2000 年以来）劳动力成本出现了快速上升。

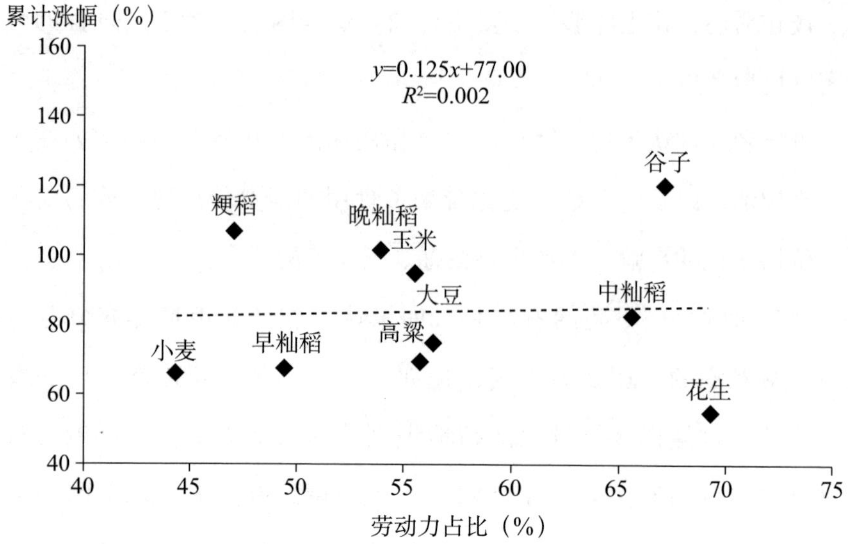

图 2—18　中国不同劳动力密集型的农产品的累计涨幅（1990—2000）

资料来源：全国农产品成本收益资料汇编，安信证券。

三、农业劳动力工资是如何上升的?

我们可以根据不同农作物价格的时间序列，以及在生产过程中由技术条件所决定的生产函数，比如土地、化肥、种子的投入等费用，倒推出农民在农业生产活动中所获得的收入。

图 2—19 就是我们的估算结果（基于小麦、大米和玉米），它计算了一个标准的农业劳动力在粮食种植这一农业活动中每工作一个劳动日回报的现金价值，所以是农业劳动力在农业生产中的边际产出。①

① 用工数量指的是生产过程中生产者（包括其家庭成员）和所雇用工人直接劳动的天数，具体计算方法是，各类劳动用工折算成“中等劳动力”的总劳动小时数，再除以 8 小时。由此看来，计算过程中，分母里面并非是指所有的人口或者所有的劳动年龄人口，而仅仅指参与生产的那部分劳动力投入。我们知道，农业部门是开放和竞争的，在长期均衡的条件下，只能获得平均利润，标准劳动力的平均产出等于其边际产出。

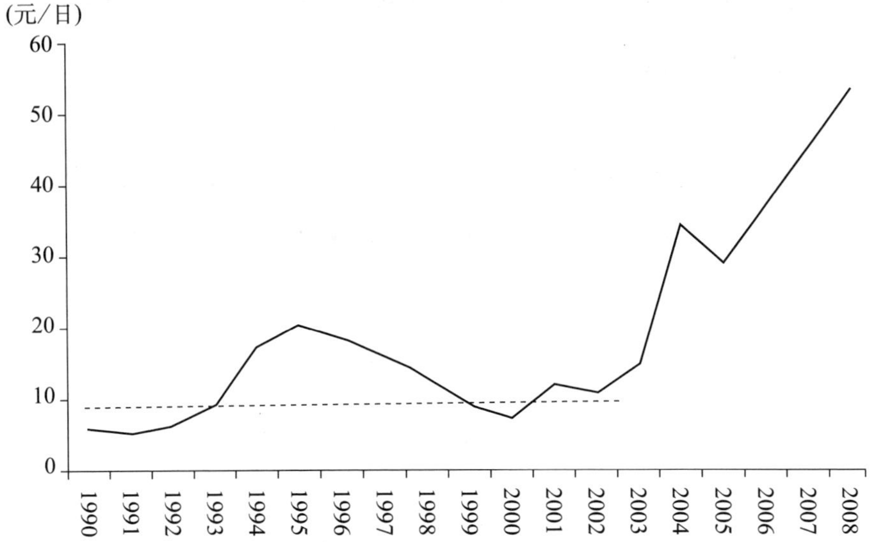

图 2—19　中国种粮的单位劳动力机会成本

说明：劳动力机会成本价格 $= \dfrac{\text{总产值}-\text{物质费用}-\text{土地成本}-\text{成本外支出}+\text{补贴收入}}{\text{用工数量}}$。

资料来源：全国农产品成本收益资料汇编，安信证券。

如果接受一些简单并且看起来合理的假设[①]，我们可以把图 2—19 近似地看作工业和服务业部门面对的低端劳动力的供应曲线。

容易看到，从 1990 年至 2004 年，特别是剔除通货膨胀因素以后，农民在农业生产中的工资收入几乎是水平的。但是进入 2004—2005 年以后，这个水平线开始转化成为一个向上倾斜并且非常陡峭的曲线。

这一结果与刘易斯理论模型的描述和预测是一致的。进一步考虑一些其他证据，我倾向于认为，中国经济在 2005 年前后可能已经走过了刘易斯拐点。

① 这里最主要的假设是两条：一是低端劳动力的供应曲线在过去 20 年大体未变，忽略人口结构、价值观念等变化的影响；二是低端劳动力需求的扩大是稳定和线性的（或对数线性的），从而年份数据可以与实际就业数量对应起来。

那么这样的一个估算结果是否合理呢？我们可以拿它同国家统计局农调队调查的外出务工人员工资（见表 2—1）作比较。

在 2009 年，农民工一天的产出或者说收入水平大约在 55 元附近，按照每个月 25 个工作日来计算，收入水平大约在 1 400 元附近。在 2009 年三季度，国家统计局的农调队在中国中、西部地区对农民工收入的调查结果分别是 1 389 元、1 382 元，在东部沿海是 1 455 元。这一调查数据与我们根据粮食价格所倒推出来的数据是相当接近的。

表 2—1　　中国外出务工人员工资（月平均工资）的变化　　单位：元

	2003	2004	2006 年 10 月	2009 年三季度	年平均增速
东部	760	798	1 090	1 455	11.4%
中部	570	724	880	1 389	16.0%
西部	560	701	835	1 382	16.2%

说明：国家统计局农调队入户调查的数据。
资料来源：国家统计局，安信证券。

基于这些讨论，我们至少可以确定地认为，2005 年以来，农业劳动力的工资出现连续和快速的上升。由于食品生产和流通过程中需要大量使用农业劳动力，这一变化对中国的食品通货膨胀必然产生明显的影响。

四、为什么农村地区的蔬菜涨价比城市更快？

新鲜蔬菜很少有国际贸易，因其不易保存且生产周期短（一般为3～6 个月）。所以除去短期的雨雪和冷热天气的影响，蔬菜价格能较好地反映其成本趋势。

我们观察 CPI 鲜菜的两年复合同比增长率（见图 2—20），采用复合增长率能相对有效地剔除一些短期冲击。

从 2002 年至 2007 年的五年时间，蔬菜价格的复合年增长率的中轴

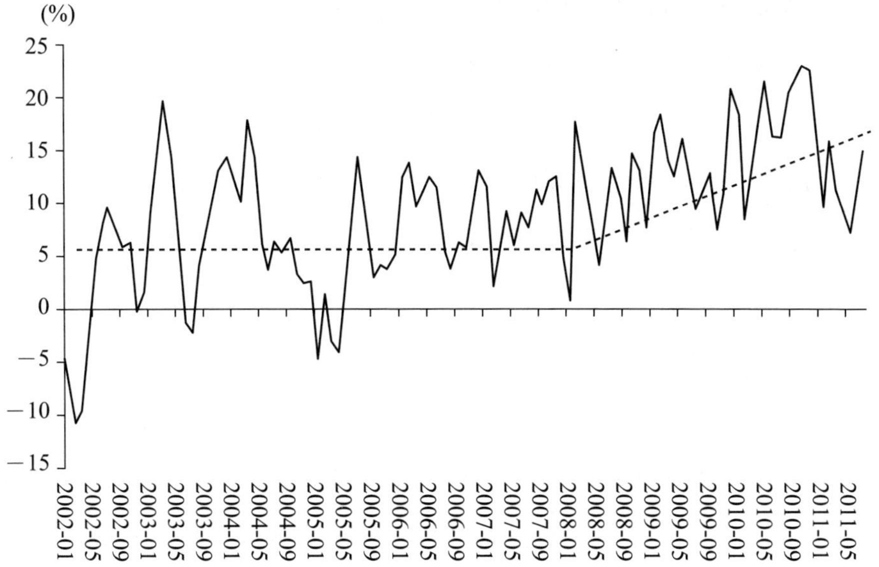

图 2—20　CPI 鲜菜的两年复合同比增长率

资料来源：CEIC，安信证券。

大概在 5%左右的水平，而在 2008 年之后，蔬菜价格增速的中轴从 5%逐渐抬升至 15%左右的水平，显示出明显的趋势。

长达若干年的价格增速的中轴抬升，很难用超额利润或者短期的天气因素去解释。2008 年存在大宗商品冲击，在此之后，蔬菜种植的物质费用成本有明显的下跌，但是我们并没有看到蔬菜价格的中轴有明显的下降，这暗示大宗商品的冲击并非导致蔬菜价格上涨的主要原因。

那么，排除了这些可能的因素之后，是否就能够认为，必然是劳动力成本的上升导致了蔬菜价格波动中轴的抬升呢？显然还不能够。

比如，菜价的上涨可能是因为流通环节成本的高企，因为高速公路乱收费、菜场的摊位费以及超市的进场费等等。这样的思考是有价值的，但问题的关键是，我们如何验证？

为了验证菜价上涨是因为生产成本还是流通成本增加，我们比对了农村与城市蔬菜价格同比增速之差。

我们知道，城市蔬菜零售价格除了包含农民出售的生产价格以外，还包括交通运输成本、菜市场租金成本，以及中间商的利润等等。如果是流通成本主要导致了蔬菜价格的上涨，那么我们将看到城市蔬菜价格的上涨比农村更快；如果是生产成本主要导致了蔬菜价格的上涨，我们就会看到相反的结果。

结果如何呢？

图 2—21 显示，在 2007 年之前，农村蔬菜价格的涨幅相较于城市有高有低，平均来看在零附近，暗示着农村和城市菜价的涨速是一致的；但是 2007 年之后，农村菜价涨幅系统性地高于城市平均大概 2～3 个百分点。

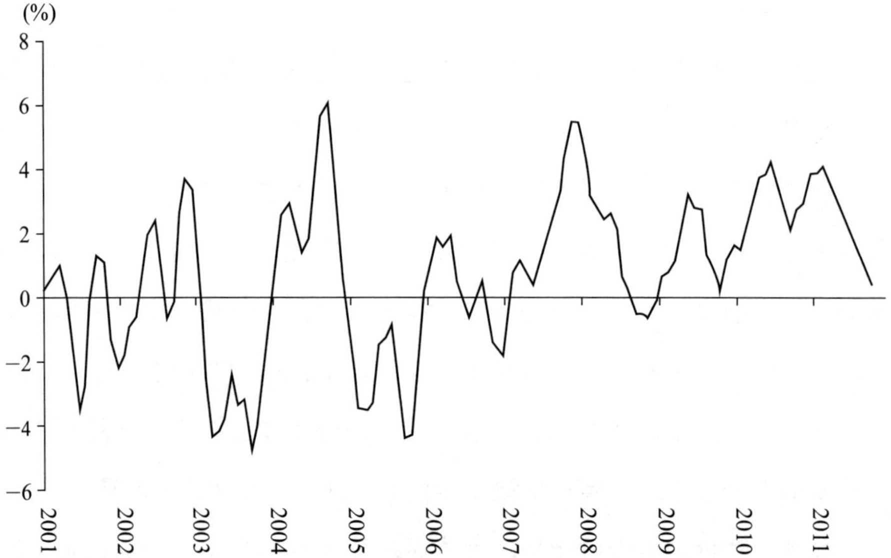

图 2—21　蔬菜价格同比差（农村—城市）

资料来源：CEIC，安信证券。

农村蔬菜价格同比增速连续五年高于城市增速，暗示蔬菜价格的快速上涨更多地来自生产者价格的上涨，而非中间流通成本的上升，也表明蔬菜价格的波动中枢在系统性上升。

五、农户种粮终于可以赚到钱了！

粮食和蔬菜价格与其物质费用成本的长期背离，最重要的原因是农民从事农业生产的机会成本在大幅提升。这从粮食价格以及粮食种植成本的定基数可以看到（见图 2—22）。

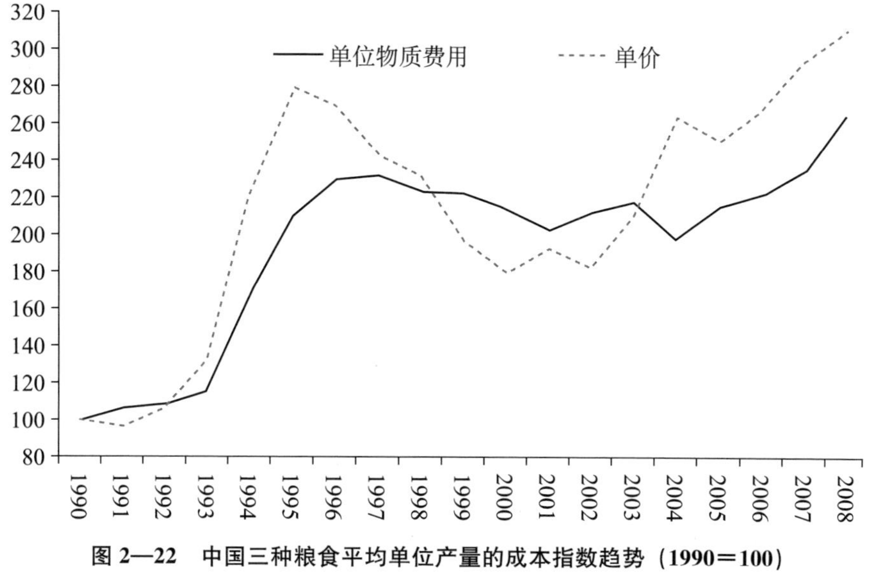

图 2—22　中国三种粮食平均单位产量的成本指数趋势（1990＝100）

资料来源：CEIC，安信证券。

粮食单价在 1990—2008 年间上涨了 211％，而单位产量的物质成本只上涨了 164％。2004—2008 年期间，虽然伴随着大宗商品的冲击，农药、化肥和汽油价格全面上涨，但物质费用的涨幅系统性地慢于粮食价格的上涨。

这种长期裂口增大，很难认为是粮食种植的利润率短期景气加剧造成的，也很难认为是短期的天气冲击造成的。如果考虑到 2004 年之前有农业税，而 2004 年之后相关补贴的增加，农产品价格的大涨显得更为奇怪。粮食价格的大幅上涨，本质上是由于另一块成本——农民外出打工的机会成本出现了大幅度的上升。

换句话说，这意味着农户种粮终于可以赚到钱，也意味着食品价格的平均涨速必然在加快。

六、扩大的价格裂口

我们可以把 CPI-食品和 CPI 分别处理为定基数，设定 1993 年这两项指数都为 100，结果见图 2—23。

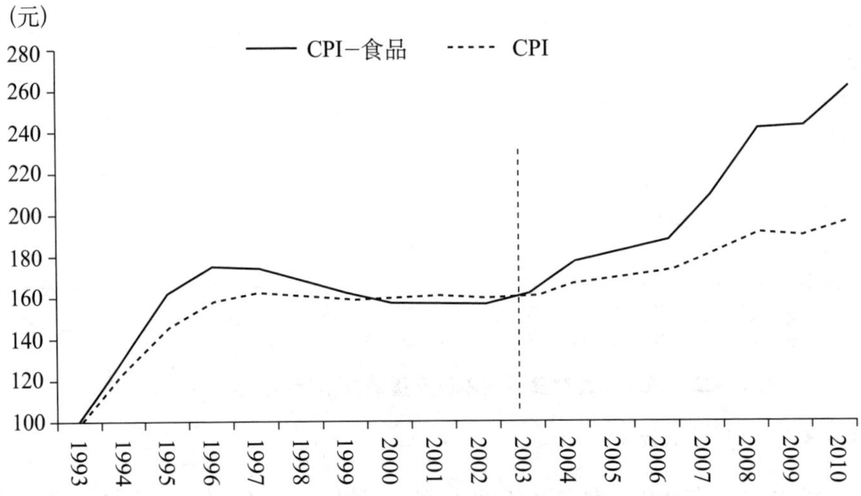

图 2—23 CPI、CPI-食品的定基数（1993=100）

资料来源：CEIC，安信证券。

我们可以清楚地看到，1993—2003 年这十年的时间里，CPI、CPI-食品的波动虽然从短期来讲并不相近，但十年时间里的累计涨幅是一样的。

与此形成鲜明对比的是，在2003年以后CPI-食品与CPI的定基数之间开始产生裂口，并且这一裂口随着时间的推移越来越大，没有显示出收敛的迹象。

对2003—2006年的裂口来讲，可能有人会争议说，这可能是经济周期性因素所决定的，就像在1995年前后，我们也曾见到一个裂口一样。

但是2007年以后，该裂口进一步持续扩大，就很难解释为短周期的经济因素。

实际上，我们认为，这一事实主要反映了前面讨论的农业劳动力成本持续上升的压力；也清楚地表明，在过去数年的时间里，食品通货膨胀的平均涨速已经较此前明显提高。

七、地区经验研究

在大量的实证研究中，一般性的看法是，刘易斯理论能很好地解释东亚经济体在城市化与工业化过程中的现象。我们计算了日本、韩国和中国台湾地区的数据，以便了解在其走过刘易斯拐点时候的表现。

（一）日本案例

绝大多数的学者和企业界都同意，日本是在1960年前后经过了刘易斯拐点。在经济经过刘易斯拐点以后，价格层面上非常重要的现象是食品价格快速上升。但是工业品的价格并没有这么大的压力，这样我们应该看到CPI比PPI涨速更快。

事实正是如此。我们可以比较清楚地看到在20世纪60年代（见图

2—24)，日本一般消费物价的平均涨速在5%～6%，但是生产资料的平均涨速只有1%多。通货膨胀裂口的幅度有四个百分点以上，并且持续的时间长达十年。在1960年以前和1972年之后的数据中，我们都看不到这么明显的物价裂口。即使在部分其他时段存在，其原因也主要不是食品价格的快速上升，而是来源于巴拉萨-萨缪尔森效应，裂口幅度也小得多。

既然60年代日本的工业品价格稳定，到底是什么推高了整体的CPI?

我们可以检查一下CPI的分类（见图2—25）。可以发现，CPI农产品和CPI服务业在1960年之后开始系统地超越整个CPI，成为推高CPI的主要原因。而在1960年工资水平大幅上涨之前，农产品和服务业价格涨速并不是太快。

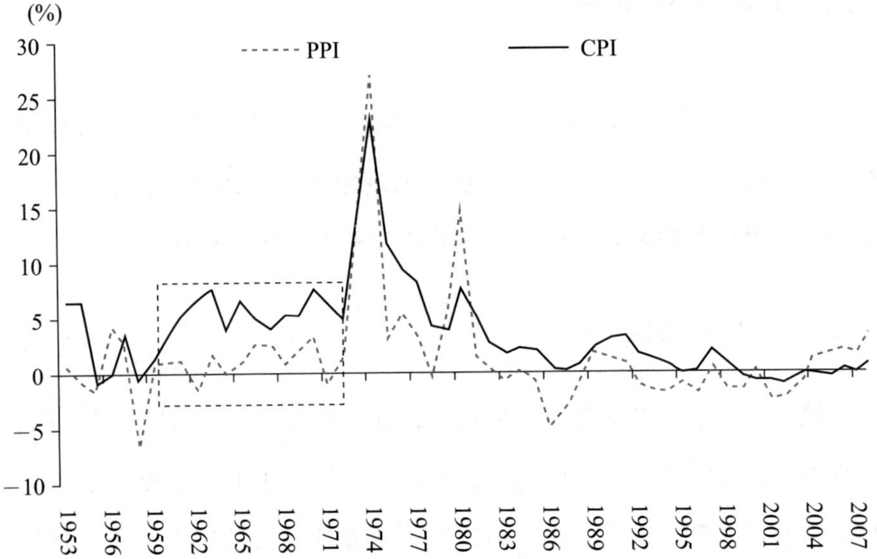

图2—24　日本的PPI和CPI

资料来源：CEIC，安信证券。

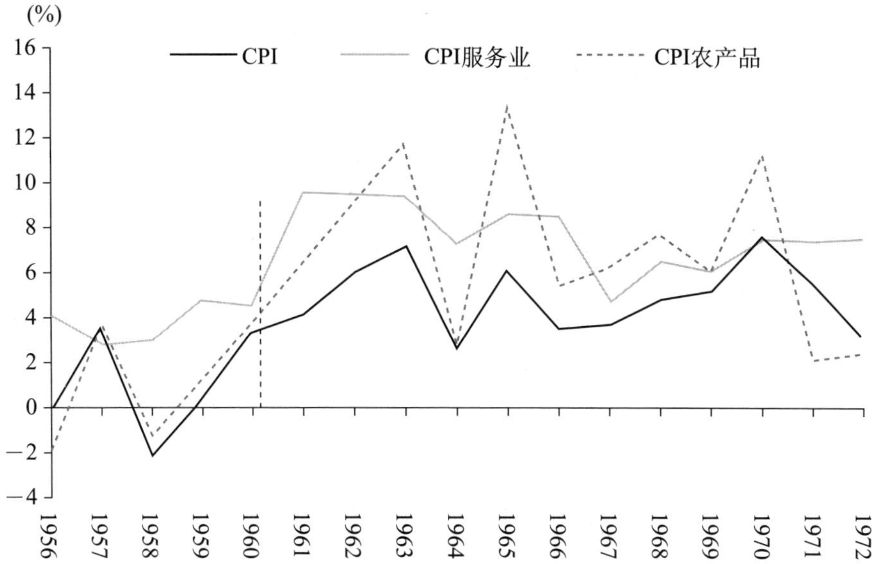

图 2—25　日本 CPI 分类同比变化

资料来源：日本统计局，安信证券。

从 CPI 细项中，我们也可以观察到端倪（见图 2—26）。我们选取了鲜菜和个人护理（主要是理发等服务价格）。因为这两个产品和服务都是非常劳动密集型的，且技术进步速度较慢，其价格更能反映劳动力成本的变化。我们可以看到日本鲜菜的价格在 1960 年之后快速上涨，年均涨速在 10%以上，高于农产品的平均涨速。同时，日本的个人护理价格也以 1960 年为拐点，出现了平台式的大幅上扬，其价格的中轴水平要高于服务业的平均增速。

总结起来，日本 60 年代工资水平出现快速上涨，虽然工业品由于技术进步等原因价格维持低位，但农产品和服务业的价格出现了较大幅度的上升，从而推高了整体 CPI，导致了 CPI 和 PPI 的明显裂口。

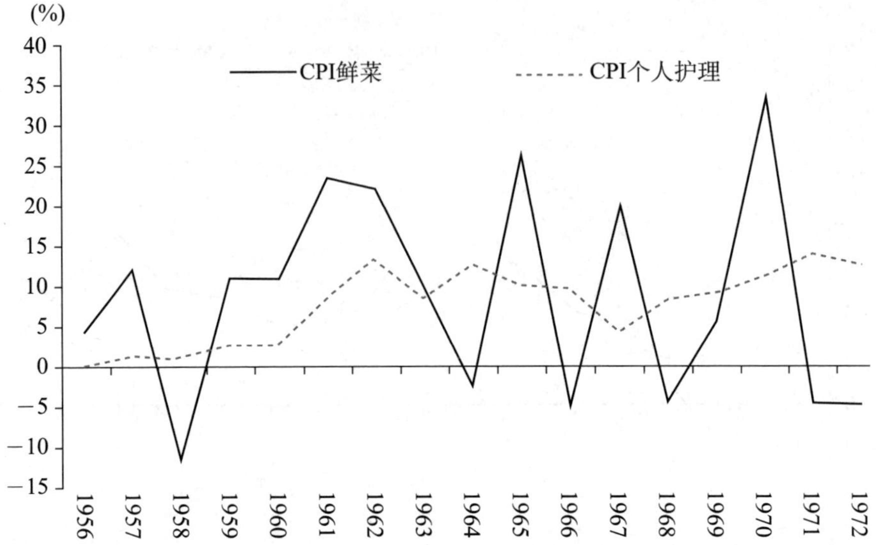

图 2—26　日本 CPI 鲜菜和个人护理

资料来源：日本统计局，安信证券。

（二）中国台湾和韩国案例

检查中国台湾和韩国的数据，也容易发现经过刘易斯拐点的时候，食品价格相对工业品的价格涨得更快，并且这一时间持续接近十年。

韩国（见图 2—27）从 1983 年一直到 1994 年这十年时间里，CPI 和 PPI 的物价裂口一直存在，而在此前和此后这一缺口并不明显。

中国台湾食品和批发物价之间的这一裂口（见图 2—28），也是发生在 1985 年前后一直到 1994 年前后，持续接近十年的时间。

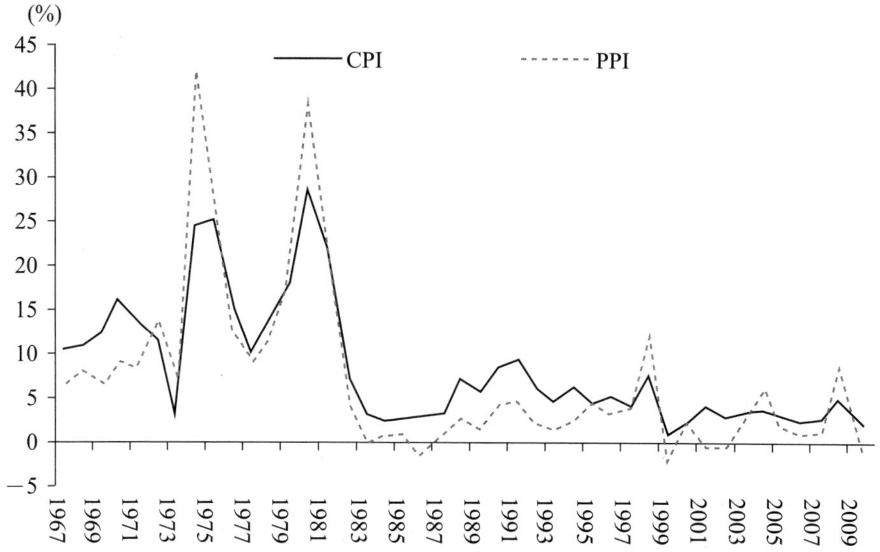

图 2—27　韩国的 PPI 和 CPI

资料来源：CEIC，安信证券。

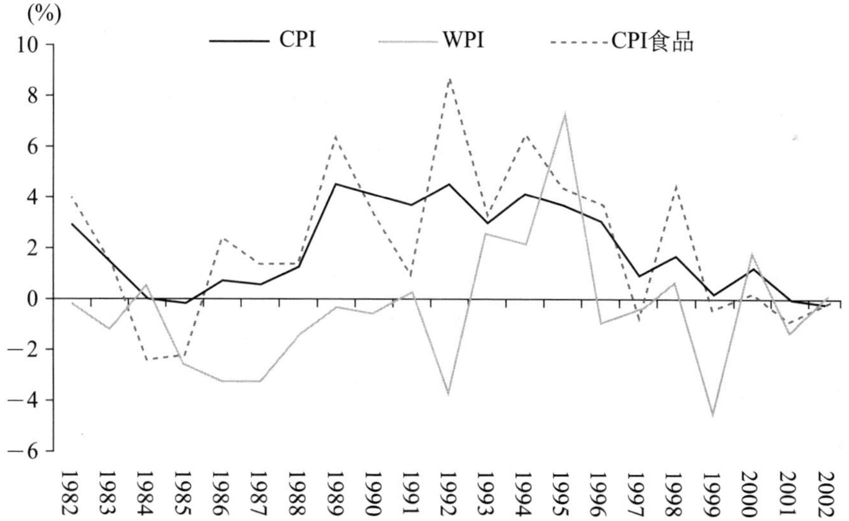

图 2—28　中国台湾的 WPI 和分类 CPI

资料来源：CEIC，安信证券。

不可贸易部门的通货膨胀

接下来我们讨论中国不可贸易部门的通货膨胀是如何形成的。从实际操作的角度看，不可贸易部门通货膨胀的波动对消费物价走向的影响是可以忽略的。但为了讨论的完备性，我们仍然需要花一些篇幅讨论这一问题。

需要承认和指出的是，由于在不可贸易部门存在的广泛价格管制、统计口径调整、价格改革以及抽样过程可能存在的一些问题，可靠的不可贸易品价格数据相对缺乏，这部分地限制了我们对这一问题的深入分析。

虽然包括医疗、教育、电信、金融、仓储和政府服务等在内的庞大的第三产业以及建筑业等普遍难以贸易，构成了不可贸易部门的主体，但其价格指数在核算上却是以消费物价指数为基础的。

例如政府服务的名义增加值大体可以考虑为政府人工开支和其他行

政费用的总和，但其价格指数却是无法直接测量的。税率和政府各类收费似乎提供了政府服务的某些价格，但这些指标无疑很不全面，并且存在很多问题。在核算上，消费物价指数直接被定义为政府服务的价格指数。在第三产业的许多领域，类似的情况相当广泛。

从之前的讨论中我们已经知道，消费物价受食品类价格所主导。由于这样的核算方面的原因，第三产业价格平减指数实际上与食品类价格基本同步，因此无法作为我们研究不可贸易部门价格的入手点。

从可得的宏观经济数据来看，CPI 非食品也许可以作为不可贸易部门价格的合理指标，部分的原因在于这些价格直接来自抽样调查手段，而不是通过核算手段定义出来的。尽管由于价格管制和样本选取等原因，由此获得的价格数据可能存在一定扭曲，但它毕竟来自对真实交易活动的观察和记录。

此外，即使对于消费端的可贸易商品而言，例如电视机、手机等，消费者所付出的价格既包括了货物的到港价格（由商品的可贸易属性决定），也包括了运输、场租等流通环节的成本和费用，这些部分一般是不可贸易的，并且在单件价值较低的商品中占有相当的比重。

从较长的历史序列来看（见图 2—29），CPI 非食品的波动和 PPI 在趋势和拐点方面较为一致。由于左右轴的原因，其波动幅度实际上相差比较大。

部分原因在于：CPI 非食品包含了容易直接受 PPI 影响的部分，比如居住分类里的建筑建材和水电燃料，交通费用及燃油费等。此外，对于服装、家用电器、通信设备、交通运输工具等消费品而言，其毕竟存在一定的可贸易属性。

CPI 非食品的教育、医疗和通信价格存在管制或垄断，价格调整一

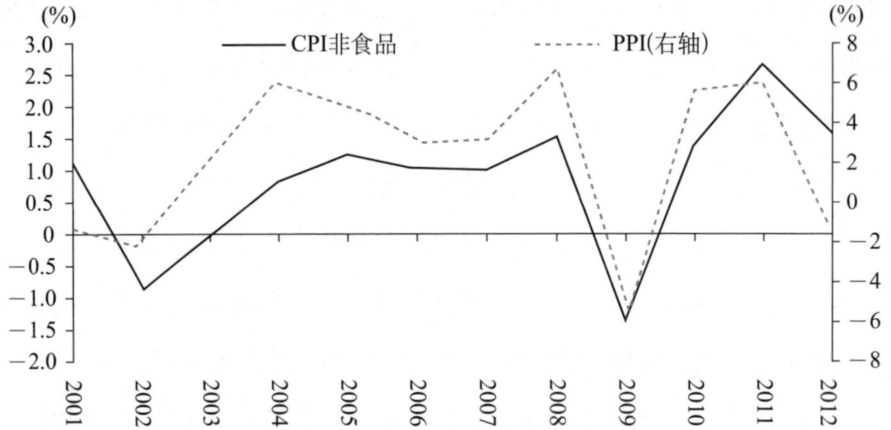

图 2—29　PPI 和 CPI 非食品

资料来源：CEIC，安信证券。

般形成冲击性影响。

此外，PPI 的变化反映着供求变动的影响，这些供求变动的力量一般情况下也同时影响着不可贸易部门的价格形成，从而形成了两者之间的同步性。这些情况我们在本书的下一部分，即讨论实体经济供求平衡的部分会进行更全面的分析，这里只进行简单的描述。

如果 PPI 的上升反映了全球需求的增长，那么这必然同时推高对中国不可贸易部门商品和服务的需求，从而刺激其价格向上爬升。例如出口上升会增加对铁路、公路、港口以及仓储物流服务的需求，并通过出口部门就业的扩大影响对消费品的需求。

区分之处在于：在小国经济的情形下（这当然是理论极限情形），如果中国的需求在扩大，那么不可贸易部门的价格会面临上升的压力，但 PPI 可以维持不变。如果中国的供应在扩张，情况是相反的。

这就是说，PPI 与 CPI 非食品可能存在趋势背离，这在很多时候可能来自中国经济走向与全球工业走向的背离，以及中国经济自身受到的其他一些冲击。

考虑到价格管制的影响，以及 PPI 与 CPI 非食品之间存在的交叉，我们可以选取 CPI 之中的烟酒及用品、衣着和家庭设备用品及维修服务，参考一些可用的固定权重来构造一个价格指数，我们姑且称之为“市场化核心 CPI”（见图 2—30）。这个指数的优点在于，价格形成相对更透明和市场化，并且受 PPI 波动的直接影响比较小；其缺点在于，它可能只反映了中国不可贸易部门的一小部分，代表性存疑。

因为数据可得性问题，2001 年之前的数据并不包含烟酒及用品分项，但只包含衣着和家庭设备用品及维修服务的指数表现和之前是比较一致的。

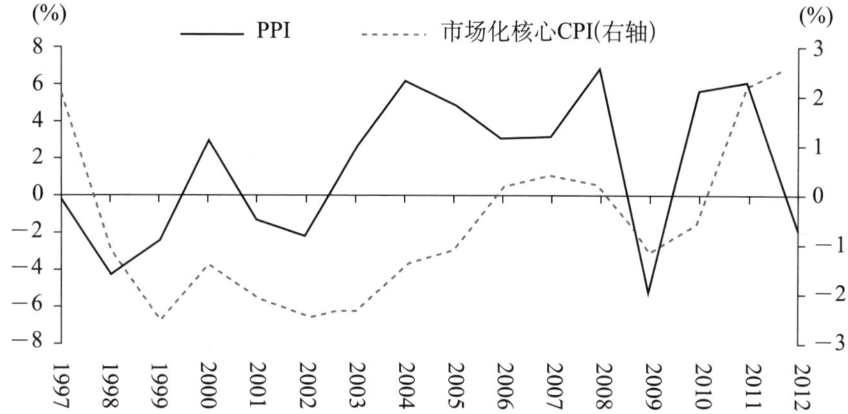

图 2—30 PPI 和市场化核心 CPI

资料来源：CEIC，安信证券。

从图 2—30 的结果看，市场化核心 CPI 与 PPI 之间的同步性显著削弱，走势的背离更为常见。

总的来说，2006 年之后，市场化核心 CPI 的波动平台出现爬升，正如我们在上一节所讨论的那样，这可能反映了刘易斯拐点和农业劳动力

（低端劳动力）短缺的影响。

从走势明显背离的时段看，有些时候似乎与中国和全球工业走向的背离有一些关系，其他一些时候的原因不很清楚，例如2012年的情形。当然，值得考虑的是，由于取样的限制，这是否能够代表非贸易部门的总体情况，并不很清楚。

如果我们认为，长期内管制价格也必须调整以反映成本的压力，那么研究几年时间区间的CPI非食品价格的平均变化情况，也可能提供一些有价值的线索。

这方面数据的分析我们放在本书下一部分关于实体经济供求平衡的讨论中，但看起来从这一角度看，除了PPI的影响外，非贸易品价格的变化似乎更多地反映了资本存量余缺的影响，劳动力成本变化的影响也许相对次要一些。

产出缺口与通货膨胀[①]

本节主要试图简单地总结在成熟经济体和现代宏观经济研究中，对通货膨胀的基本分析思路和看法。本节讨论短期问题，下一节讨论长期问题。

这样做的目的，是为了与此前几节中的分析思路形成对比。我们将会由此看到，我们所试图提出的通货膨胀分析框架，与教科书中广泛使用的框架存在明显的差异。我们认为，这主要反映了中国与成熟经济体在结构方面有以下重要区别：

一是中国的可贸易部门在经济中具有非常大的比重，从而其波动对消费物价指数的影响不可忽略；成熟经济体虽然高度开放，但制造业占比很小，基本上可以看作封闭经济体来处理。

① 这篇文章和随后的一篇文章此前由我的同事温永鹏博士执笔完成。

二是主导中国消费物价指数走向的食品类价格，以及驱动农户通货膨胀预期的生产资料价格等不存在明显的价格粘性，其波动比较迅速地反映了市场供求变化的影响；主导成熟经济体消费物价指数（以及货币政策）的是剔除食品和能源以后的核心消费物价指数，其构成价格存在明显的粘性，面对供求变化调整相对缓慢。

三是中国生产资料价格变化的背后主要反映了企业生产能力的余缺和资本存量的多寡；成熟经济体产品和服务价格变化的背后更多地反映了劳动力市场的松紧和工资增长的快慢。由于劳动力市场的调整比较缓慢，价格存在很强的粘性，因此失业率的高低（叠加通货膨胀预期的影响）可以对未来的通货膨胀走向形成预测能力，但这一机制在中国并不明显。

一、菲利普斯曲线与产出缺口的概念

西方中央银行多利用产出缺口和新凯恩斯主义的菲利普斯曲线来预测中期通胀。实证研究表明，对西方国家来说，利用这种方法预测通胀其准确程度超过其他结构型模型。

1958 年菲利普斯发现，1861 年至 1957 年英国的失业率和工资增长率之间存在着稳定的负相关关系。1960 年萨缪尔森和索洛则进一步发现，失业率和通货膨胀率之间也存在类似关系，这种关系被称为“菲利普斯曲线”。

菲利普斯曲线表明，在短期内通货膨胀率和失业率之间存在取舍关系：降低通货膨胀率只能以较高的失业率为代价；反之，要降低失业率就必须容忍较高的通货膨胀率。美国 20 世纪 60 年代的经济数据符合菲利普斯曲线，因而菲利普斯曲线是当时理论研究者和政策制定者关注的重点。

20 世纪 70 年代美国出现了“滞胀”现象，说明通胀与失业之间的简单替代关系不复存在。弗里德曼和费尔普斯指出，在菲利普斯曲线中，对通货膨胀率的估计应该加入通胀预期，失业率的衡量应该为当期失业率对自然失业率的偏移。这样一来，就可以回避“滞胀”现象的挑战。

不久之后，以卢卡斯为代表的理性预期学派的经济学家又对菲利普斯曲线进行了更为彻底的批判。他们指出，预期不仅在长期存在，在短期也是存在的。工人和雇主会随时调整自己对通货膨胀的预期，因而通过控制通货膨胀来减少失业的政策是毫无效果的。在这种情况下，不论是短期还是中长期，菲利普斯曲线都是垂直的。

坚信菲利普斯曲线存在的经济学家，又推导出了新凯恩斯主义菲利普斯曲线以回应卢卡斯等人的批判。所谓“新凯恩斯主义菲利普斯曲线”，是指在价格粘性的假设下，通过厂商与居民最优化的生产消费行为，推导出的通货膨胀、产出缺口与短期通货膨胀预期之间的均衡调整路径。这个关系式代表了经济体由非均衡向均衡的演化路径，同时说明在调整过程中，通货膨胀与产出缺口之间仍然存在替代关系。

二、价格粘性

新凯恩斯主义菲利普斯曲线是建立在“价格粘性”这个概念基础上的。传统的古典经济学模型假定价格是充分灵活的，市场可以即时出清，凯恩斯则认为价格存在刚性，市场无法即时出清，但是凯恩斯并未指出价格刚性的微观经济学基础。新凯恩斯主义者沿着凯恩斯的思路为价格和工资刚性建立了一定的微观基础。

所谓“价格粘性”，是指物价水平不能随着总需求的变动而迅速变化。名义价格粘性指名义价格不能按照名义需求的变动而相应地变化。实际价格粘性是指各类产品之间的相对价格比有粘性。

价格粘性的微观基础可以归结为两条：首先是交错调整价格模型。该理论认为，不同企业由于合同限制会选择不同的日期调整价格，针对外部需求冲击，总体价格调整所耗时间比单个企业调整长得多，结果导致名义价格粘性。其次，企业调整价格有一定的成本，只有当改变价格带来的边际收益大于调整价格发生的边际成本时，企业才会调整价格。调整价格的成本一般包括印制新的报价单和产品目录、与供应商和客户重新进行协调和谈判等等，这些成本在学术上统称为“菜单成本”。

实证研究表明价格粘性在各国、各行业以及各种产品中是普遍存在的，但是程度不一。布林德（1991）发现价格调整平均时滞是三个半月；泰勒（1999）认为典型的价格调整差不多一年一次。巴哈拉德和伊登（2003）估计价格调整时间约为7.5个月。奥克里曼和迪恩（2004）对比利时的583种产品的价格作了分析。他们发现，一些产品价格调整非常灵活，而其他则非常具有粘性。平均12%的价格持续时间少于两个月，而13%的价格持续时间至少两年。能源价格与未加工食品价格调整最快，而非能源工业品和服务的价格调整较慢。

总结实证研究结果，我们认为，价格粘性的存在本质上是为了节约交易成本。一般来说，同质化、标准化的商品交易成本比较低，价格粘性比较小；而非同质化、非标准化的商品交易成本比较高，价格粘性也相应比较大。

举例来说，粮食、石油等大宗商品属于同质化商品，交易成本低，几乎不存在价格粘性；而其他工业品，如冰箱、彩电等产品是不同质的，品牌质量差异较大，达成交易的谈判成本较高，价格粘性也较大。价格粘性的一个极端例子是工人的工资。工人的素质是非常不同的，所以在工资领域也存在广泛的粘性，称为“工资粘性”。

价格粘性存在的重要意义在于，一旦某种商品的需求大于供给，也就是说存在产出缺口的情况下，这种商品将会在未来涨价。于是，当我们观察到产出缺口时，就能预测未来价格走势。

但是粮食和大宗商品领域并不存在广泛的价格粘性，市场是即时出清的。一旦有供需矛盾，立刻会反映在价格上，所以对于这类商品来说，产出缺口对它们的价格不具备预测能力。

三、货币与产出缺口的关系

在短期货币供应量增速对通胀并没有很强的预测能力，这种现象可以用产出缺口和价格粘性理论来阐释。

在长期，总需求总是围绕潜在产出波动，平均来看，产出缺口为零，长期价格粘性也是不存在的。从这个意义上来讲，货币冲击不能导致长期潜在产出增加，从而只能导致最终物价上涨，因此货币在长期是中性的。

在短期，货币冲击导致总需求波动，由于潜在产出是稳定的，从而形成产出缺口。在价格粘性的条件下，产出缺口的存在不会立刻导致物价水平波动。因此货币冲击在短期会导致产出波动，而不会导致物价波动，即是说，货币在短期是非中性的。

鉴于货币的这种属性，货币政策制定者可以通过控制货币供应量来影响总需求，从而影响通货膨胀走势。

除此之外，货币政策的松紧也会影响公众的通胀预期，通胀预期导致的存货调整也会影响未来的通货膨胀。因此，对于通胀预期的管理也越来越受到各国央行的重视。

四、菲利普斯曲线在实践中的应用

菲利普斯曲线和产出缺口在西方通货膨胀预测实践中占有举足轻重的地位。实证研究表明，利用产出缺口预测中期通货膨胀（几个季度）显著优于其他结构性模型。

对短期通胀（当季和下季）来说，美联储更多地依靠一套分解的、自下而上的方法，这套方法主要是通过估计和预测价格指数中各种商品和服务的价格行为来实现的。但是对于超过两个季度的通胀预测，对单个价格成分的详细分析不再那么有用，美联储利用含有基本因素的一系列计量经济模型来预测通胀。大多数此类模型基于新凯恩斯菲利普斯曲线，它将通胀、通胀预期、经济减速程度以及供给冲击指标相联系。尽管在同一个概念架构下，模型实际运用时的细节有很大的不同，包括方程中的滞后阶数、对资源利用的衡量以及是否包含了基于调查的通胀预期。

理论上，计量经济学检验可以确定预测中的权重分配，但实际中，数据无法容忍大的噪音。另外，预测模型可能没有反映影响未来的特殊因素的信息。基于以上情形，通胀预测不可避免地要考虑专家判断的大体程度以及模型没有捕捉到的信息。

虽然新凯恩斯主义菲利普斯曲线在理论上日趋完善，但是这套理论在实践中并非没有遇到困难。研究表明，利用新凯恩斯主义菲利普斯曲线预测的美国通胀率的准确性 20 世纪 90 年代以来不断下降。因此一些学者认为，美国的通货膨胀率虽然波动性降低了，但是也越来越难以预测。

从图 2—31 不难看出，美国产出缺口和通货膨胀在 1990 年以前以及在 2000 年以后大体呈同向波动，但在 1990 年到 2000 年基本呈反向波动。

导致这种现象的主要原因可能是，90 年代以来美国信息技术的进步使得潜在产出水平发生跃迁，而传统的经济学模型没有捕捉到这种技术进步带来的潜在产出升级效应，因而低估了潜在产出，高估了产出缺口，所以模型估计出的产出缺口与通胀产生了背离。

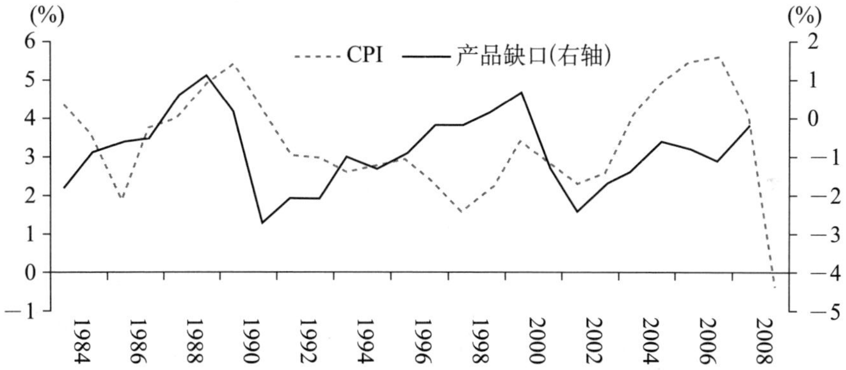

图 2—31　美国产出缺口与通货膨胀率

资料来源：CEIC，安信证券。

以上事实说明，即便是对于成熟的市场经济国家，技术进步、人力资本的积累等冲击带来的不确定性也会降低传统模型对潜在产出估计的精度，从而导致对产出缺口估计的偏差。

五、菲利普斯曲线在中国的实用性

虽然菲利普斯曲线和产出缺口在西方通胀预测实践中得到了广泛的应用，但是利用这种工具来预测中国的通货膨胀是值得商榷的。

第一，如前所述，菲利普斯曲线和产出缺口之所以能够预测通货膨胀是因为在消费物价领域存在广泛的价格粘性，而中国的 CPI 通胀主要受食品价格波动的驱动（见图 2—32），食品在 CPI 中所占比例超过 30%。由于食品主要由粮食、猪肉和蔬菜等品种构成，而这些产品的价格并不存在广泛的价格粘性，因此利用产出缺口来预测中国的通货膨胀，其理论基础存疑。

事实上，正如我们此前所讨论的那样，中国的食品价格波动主要受到通胀预期的影响。

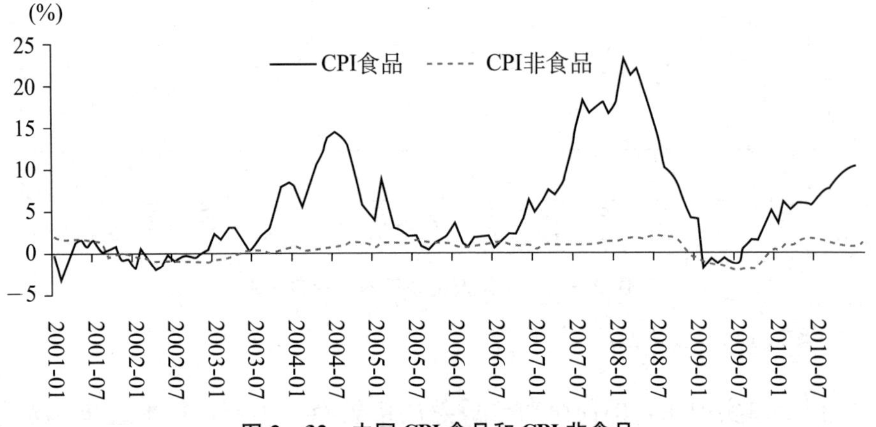

图 2—32　中国 CPI 食品和 CPI 非食品

资料来源：CEIC，安信证券。

第二，我国的要素禀赋与成熟经济体有很大不同。成熟经济体经历长期发展，人均资本存量明显高于我国，劳动力短缺是经济扩张的主要制约因素。因此产出缺口的波动总是与劳动力市场的松紧密切相连。

从历史上来看，制约中国经济增长的主要因素并不是劳动力，而是资本存量。过去 20 年，中国经济过热总是伴随着煤、电、油、运等价格的快速上涨。事实上，随着固定资本投资的增加，经济中的短板（如煤、电、油、运）都能得到弥补，因而中国的潜在产出的增长速度也是随着固定资本形成的波动而波动的。由于资本品（如煤、油等商品）领域价格粘性不像劳动力市场那样显著，利用资本品的缺口来预测通胀，其理论基础同样存疑。

第三，中国可贸易部门产出在经济中的占比接近一半，再加上间接的影响，其价格波动受全球经济的影响十分明显，必须作为开放经济体来处理。相反，尽管成熟经济体一般也高度开放，但其制造业在经济中的占比很小，庞大的不可贸易的服务部门驱动着经济的冷热，因此在很大程度上可以看作封闭经济体来处理。这一差异的影响也是不可忽略的。

货币供应与长期通货膨胀

本节主要试图讨论货币和通货膨胀的长期关系。人们普遍相信，在长期内通货膨胀是一种货币现象，但从经验数据上看，两者之间的紧密联系最近20年以来在显著松动，原因尚不明确。此外，货币与通货膨胀的短期联系实际上比较松散。

货币主义一般认为，在长期内货币与通胀之间存在稳定和紧密的联系。本节以文献调查为基础，结合必要的经验数据，回顾和总结了货币与通胀的长期关系。

我们研究了1950—2009年期间89个国家的货币增速与通货膨胀数据。结果显示，总体来说，通胀与货币之间在长期内确实存在相当紧密的联系。进一步的数据处理也表明：对于较低通货膨胀水平的样本而言，这一联系的紧密程度明显减弱；只有在较高通货膨胀水平的样本中，这一联系才比较明显。

此外，最近20年以来，货币与通胀的长期紧密联系出现显著下降；在低通货膨胀的样本内，这一联系在统计上似乎很不显著。

这些结果凸显了深入理解货币变动与通货膨胀之间传导机理的重要性，可能也暗示了通货膨胀预期管理对于货币政策实践的重要作用。此外，近20年来货币与通胀长期联系的明显瓦解也是值得进一步深入分析和思考的。

顾名思义，通货膨胀就是流通中的货币增加过快。通货膨胀的外在表现是经济中所有商品价格的普遍上涨。因此弗里德曼在1963年提出一个著名的论断：“通货膨胀无论何时何地都是一种货币现象”。

与通货膨胀相对的概念是物价稳定。对于何谓“物价稳定”，学术界没有一个明确的定义。格林斯潘认为，所谓“物价稳定”就是指价格水平变化如此之低，以至于经济主体在作出经济决策时不需要考虑价格变动所带来的影响。实践中，各国央行通常把消费者物价指数上涨高于零但低于2%定义为物价稳定。

弗里德曼关于通胀是货币现象的论断可以回溯到货币数量方程上，即$MV=PY$。通过对美国经济数据的实证研究，弗里德曼认为货币流通速度在长期是稳定的，因此，货币供应量的增速超过实际经济增速只能导致物价水平的全面上升。

弗里德曼的论断得到了许多实证研究的支持。在横截面数据上，平均货币供应量增速高的国家通胀水平也较高。这方面的研究可以参见麦坎德利斯和韦伯（1995）、金（2001）等。

对货币与通胀关系的研究不仅涉及横截面数据。从时间序列角度来看，一些研究也证明，货币与通货膨胀存在长期正向相关关系。这方面的文献可参见卢卡斯（1980）、斯托克和沃森（1999）、克里斯蒂亚诺和菲茨杰拉德（2003）等。

最近的一些实证研究显示，货币与通胀之间的关系实际上要更复杂一些。德格劳维和波朗（2001）分析了160个国家30年的平均货币增速与通胀数据。他们指出，货币只有在高通胀环境下才与通胀率正向相关。当通货膨胀率低于10%时，货币与通胀之间不存在明显联系，或者说，即使存在，也是非常不显著的正向相关关系。

对短期来说，大多数学者认为，货币与通胀之间的联系并不显著，货币总量对预测短期通胀的价值也相对有限。这方面的研究可参见埃斯特雷拉和米什金（1997）、斯文松（2000）、特雷克罗西和维加（2002）等。

为了进一步说明货币与通胀之间的相互关系，我们依据麦坎德利斯和韦伯（1995）以及金（2001）的研究思路，观察89个国家1950—2009年平均通胀和平均货币供应量增速之间的关系。

我们把所有国家的数据从时间上分为三段，分别为1990年以前、1991—2000年和2001年以后。之所以这样划分是因为有研究表明，进入20世纪90年代以后，通货膨胀与货币之间的关系越来越不密切。

另外，我们把所有国家的数据按通胀水平的高低也划分为三组，即低于5%、5%～20%以及高于20%。之所以这样划分是因为有证据显示，高通胀环境下货币与通胀之间的关系远比低通胀环境下密切。

在展开详细讨论之前，我们先来展示两种极端的情况以增强我们对货币与通胀关系的感性认识。图2—33描绘了1990年以前年均通货膨胀率在20%以上的国家货币供应量增速与通货膨胀率之间的关系。我们发现，在这个时期高通胀国家货币供应量与通胀的确存在比较密切的关联。货币供应量增速每增加 1 个百分点，通货膨胀率提高 1.5 个百分点，同时货币与通胀之间的相关系数高达 0.975。在这种情况下，可以说通胀是一种货币现象。

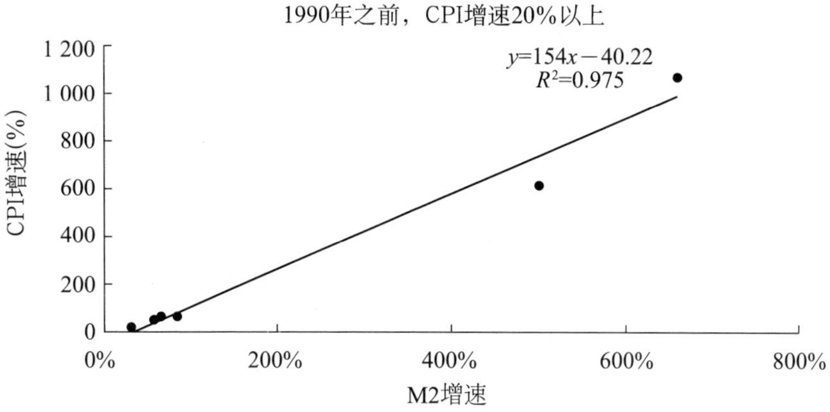

图 2—33　货币供应量 M2 增速与 CPI 增速

资料来源：CEIC，安信证券。

与此相对比，图 2—34 描绘了 2000 年以后中等通胀水平国家通胀与货币之间的关系。回归方程的判定系数仅为 0.111，这说明进入 2000 年以后，货币与通胀之间的相关性明显减弱。另外，货币供应量每增加 1 个百分点，通胀膨胀率仅增加 0.09 个百分点，货币对通胀的解释能力大大降低。在我们的样本中，有的国家 2000 年以后的平均货币供应量增速超过 40%，但其年均通货膨胀率仅有 7%。在这种情况下，很难认为通胀是一种单纯的货币现象。

为了便于对比，我们把更为详细的研究结果列在表格之中。表 2—2 和表 2—3 显示了不同时间段以及不同通胀水平下货币与通胀之间的弹性系数和拟合优度数据。

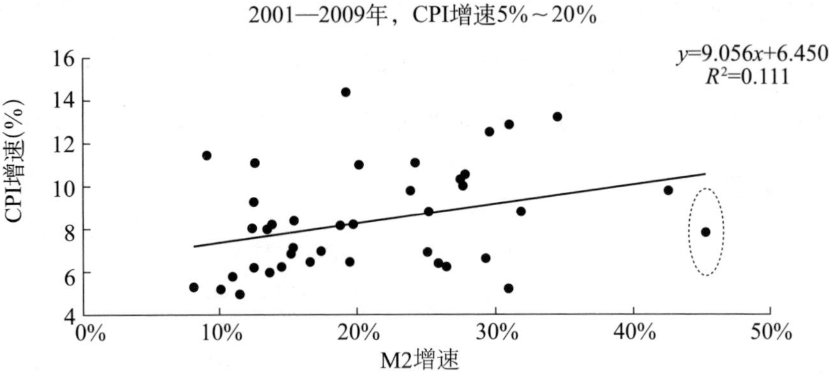

图 2—34　货币供应量 M2 增速与 CPI 增速

资料来源：CEIC，安信证券。

表 2—2　通货膨胀与货币增速之间的弹性系数

	1990 年以前	1991—2000 年	2001—2009 年
总体样本	1.504	1.175	0.303
等样本	1.509	0.856	0.334
通胀低于 5%	0.138	0.080	0.090
通胀介于 5%～20%	0.378	0.552	0.091
通胀高于 20%	1.549	1.103	

资料来源：安信证券。

表 2—3　通货膨胀与货币增速之间的拟合优度 *R*

	1990 年以前	1991—2000 年	2001—2009 年
总体样本	0.980	0.774	0.496
等样本	0.980	0.998	0.564
通胀低于 5%	0.487	0.320	0.226
通胀介于 5%～20%	0.350	0.484	0.117
通胀高于 20%	0.975	0.701	

资料来源：安信证券。

观察这些数据我们发现：

● 无论在哪个时间段，货币与通胀之间的关系都是正向的。而且随着时间的推移，货币与通胀之间的关系在减弱。从总体样本来看，在 1990 年以前通胀的货币弹性为 1.504。这说明，样本中所有国家货币供应量平均每增加 1 个百分点，通货膨胀率平均增加 1.5 个百分点。这一弹性系数在1991—2000年为1.175，但是到了2001年以后出现了明显的下降，仅为0.303。这说明，最近十年，即使从长期角度来看，货币与通胀之间的关系也明显减弱。[①]

● 在任何一个时间段，通胀水平越高，货币与通胀之间的关系越密切。以1990年以前为例，对于平均通货膨胀率低于5%的国家来说，通货膨胀率与货币之间的弹性系数为0.138。这意味着，在这些国家中，货币供应量每增加1个百分点，通货膨胀率仅增加0.138个百分点。与此相对比，对于平均通货膨胀率高于20%的国家来说，通货膨胀率与货币之间的弹性系数为1.549。这意味着，在这些国家货币供应量每增加1个百分点，通货膨胀率增加1.549个百分点。

● 随着时间的推移，全球平均通胀水平在降低。进入2000年以后，在我们研究的89个国家中只有1个国家的平均通货膨胀率超过20%。

● 表2—3显示，进入2000年以后，方程的拟合优度 R^2 出现了明显的下降。这种现象无论是在总体样本还是等样本数据中都是明显的。这说明，自变量货币增速对因变量通胀率的解释能力下降。

● 在2000年以前，高通胀环境下方程的拟合优度大于低通胀环境下的拟合优度。这说明，在高通胀环境下货币增速是解释通胀的主要因素，而在低通胀环境下其他因素对通胀的作用更加重要。当然，这种现象在2000年以后并不明显，因为2000年以后通胀率超过20%的国家几乎没有。另外，无论是低通胀环境下还是中等通胀环境下，2000年以后货币与通胀之间的拟合优度相当低。

货币与通胀之间的关系在近十年变得相当松散，同时也随着通货膨

---

① 由于我们没有找到一些国家1990年以前的数据，因此2001—2009年的样本容量要大于1990年以前的样本。但是即使使用等样本也不影响我们观测的结果。

胀率的降低变得松散，甚至在统计上很不显著，这是需要认真注意和研究的。

对于通胀与货币的关系不显著，也许存在以下几种解释：

(1) 通胀度量可能并不完整。我们度量通胀通常用 CPI，但是 CPI 并不包含资产价格，如房地产价格。事实上我们发现，在有些国家货币供应量增长很快，通胀水平不高，但房地产价格上涨迅速。如果用更广义的价格指数来衡量通胀，货币与通胀之间的关系可能更加紧密。

(2) 货币的度量可能并不准确。由于金融创新，货币的外延越来越模糊，货币需求函数也变得越来越不稳定。没有准确的货币度量也导致货币与通胀之间的关系变得模糊。

(3) 稳定的通胀预期可能削弱通胀与货币之间的联系。最近二十多年，各国央行在反通胀方面作出了巨大的努力，央行的公信力有所提高。在这种情况下，短期的货币供给冲击不会导致通胀的迅速上升。因为公众相信，央行会在通胀上升时及时采取紧缩措施。央行的这种公信力取代了货币供应量，成为稳定通胀的“名义锚”。

有些国家的中央银行不具备这种公信力，它们通常采用固定汇率政策，把自己的货币政策与通胀较为稳定的国家的货币政策联系起来，于是固定的汇率在这些国家取代货币供应量，成为稳定通胀的“名义锚”。在这些国家，通货膨胀率往往跟被锚定国家的通货膨胀率有较强的相关性。

无论哪种解释是正确的，这些结果都清楚地说明，即使对于预测长期通货膨胀水平而言，简单地以货币增速的高低作为判断的基础，存在相当大的风险。这也说明深入理解货币与经济之间的作用机理和传导过程，而不是简单地把其看成一个“黑箱”，是十分重要的。

第三章
观察产能周期

■ 中国人均资本存量的短缺，使得中国的经济周期以投资和产能的剧烈波动为特征。

■ 我们如何识别是否由于国内总需求的收缩导致了贸易盈余的扩张呢？

中国的资本约束

本节以及接下来的三节讨论我们理解中国实体经济总供求的分析框架及其应用。我们知道，绝大多数关于中国宏观经济短期运行的分析都将经济波动解读为总需求方面的变化，并进一步通过出口（净出口）、投资和消费等支出法的分解来推断其背后的原因。如果总供应是相对稳定的，那么这种做法当然无可厚非。

短期内适龄劳动人口的变化相对缓慢，技术进步发生突然跃迁的情况也不常见，这使得总供应稳定的假设看起来似乎可行。然而，一个值得讨论的问题是，中国资本形成的速度并不稳定，而资本形成对中国的总供应具有很强的影响。这使得在一些时候，总供应稳定的假设无法成立，并由此影响基于总需求分析的有效性。

例如，传统上对于2005—2007年中国经济数据的分析，以及对于当时巨额经常账户盈余的解释，普遍地基于总需求的分析框架，可能就存在比较明显的瑕疵。

本节概要地介绍了资本形成波动对中国经济增长的重要性，接下来的几节讨论了一个我们所发展和倡导的、基于国际收支平衡去分析总供求变化的框架。其优势在于，可以对称地处理总需求和总供应的变化，从而改善分析的有效性。

随后的两节分别以2005—2007以及2008年以来的数据为基础，讨论了这一框架的具体应用，并展示了其与传统总需求分析的差异。这些分析对金融市场的影响，放在本书的第四章。

从一般的宏观经济分析来看，总供应能力主要受三种因素影响，分别是劳动力供应、资本存量，以及可得的技术。对于一定时期的经济波动来说，对不同发展阶段的经济体而言，从供应角度来看问题，不同因素的重要性是很不相同的。

对于发达经济体的中长期增长而言，技术进步无疑是最重要的因素，劳动力供应的松紧在许多时候可能制约了其短期经济波动的空间和政策取向。

对于中国这类追赶型经济体而言，在中长期内推动经济增长的主要因素是资本的快速形成和积累，技术进步可能也扮演了关键的但相对次要的影响。从许多实证研究结果看，劳动力供应的变动对中国中长期经济增长的影响并不很显著，这也许与测量技术有一定关系，但从我们对中国经济波动的历史观察来看，我们相信劳动力供应的制约在大多数时候并不明显。

这意味着，在分析中国经济中期波动时，我们必须重视资本形成过程的影响。由于大规模的投资活动从开始发生到形成有经济意义的供应能力释放之间，通常都具有一定期限的滞后，再考虑到信贷市场的摩擦，这一特征对理解中国经济的波动具有很重要的影响。相对而言，对于发达经济体来说，资本存量的约束以及产能投放的影响似乎没有这么明显。

以下我们简要回顾和描述这方面的一些重要事实。

一、技术进步

技术进步在宏观经济分析中似乎缺乏确切的定义，在实际测量中它包括了所有用资本和人力因素无法解释的经济增长。这似乎不是一个严密的定义，但看起来对于发达经济体而言，这一因素解释了其长期增长的绝大部分。在理解上我们一般认为，技术进步不仅包括新的产品、新的生产工艺的发明应用，还可以涵盖管理方式、营销手段、商业模式，甚至产权制度变革等因素的变化。在传统的经济增长理论中，人们通常认为技术进步是外生的。

技术进步通常用全要素生产率（TFP）的增长来测量。这种测量方式通常需要对生产函数的形式进行较强的假定，不同的函数形式通常会造成测量结果的明显差异，从而引起解读的分歧。

对于中国 TFP 的测量而言，误差往往会更大，因为对中国没有官方的资本存量数据，折旧数据通常也被认为可靠性较差，导致研究者自行推算的资本存量数据差异极大；同时，因为中国存在规模很大的外出务工人员，对劳动力的测量也存在很大的误差。对此我们通常认为 TFP 的水平值意义有限，更看重其增长趋势所反映的经济意义。

从长期历史数据来看，发达经济体的经济增长大部分都是由 TFP 决定的，但 TFP 对中国经济增长的贡献要小很多。

二、资本存量

尽管经济领域的跨国比较一向牵涉非常多的数据困难，但人们通常承认，发达国家人均资本的占有数量显著高于发展中国家。从我们梳理的相关文献计算可以得出，1990 年中国的人均资本存量约为 509 美元；同期日、英、美、德的人均资本存量分别为 8.4 万美元、4.1 万美元、5.1 万美元、4.1 万美元左右。可见，中国和发达经济体的人均资本存量差异是非常显著的。必须承认的是，这种直接的数据比较精确度非常有限，只能起到直观上的参考作用。

关于中国和发达国家这种看法的一个有力证据是：流向发达经济体的非法移民，在劳动技能没有明显提高、语言能力处于劣势，以及雇佣存在法律风险的前提下，其收入往往会（相对在其母国时）出现显著的提高。合理的解释只能是：在发达经济体中其人力资本可能出现下降（由于语言的限制以及法律上的风险），但其资本占有数量的上升弥补了这方面的不利影响，而且还进一步带来了收入的提高。

三、中国经济的资本约束

中国人均资本存量的短缺，使得中国的经济周期以投资和产能的剧烈波动为特征。在历史上，当中国经济的扩张周期运行到接近顶点时，资本存量的约束就会鲜明地表现出来。

例如，2003 年中国经济处于扩张导致的严重过热阶段，此时煤电油运极度紧张，产能利用率达到顶峰，企业盈利能力处于峰值，不可贸易部门的价格压力非常强烈。

反观这时的劳动力市场，严重和普遍的供应约束似乎很不明显。1993年中国经济过热时的总量数据特征是非常相似的。

然而扩张过程中的大量投资迟早会形成供应能力的释放，从而推动周期走向反面，并最终出现普遍的产能过剩局面，例如1998年前后或者2009年前后的情形。

基于国际收支的分析框架

本节提出和讨论一个我们所发展和倡导的、简便和有用的理论框架，基于国际收支平衡来分析经济波动。其优势在于，可以对称地处理总供应和总需求两方面的变动，并且操作相对简便；其缺点可能在于，对可贸易部门和不可贸易部门两者之间相互作用过程进行的简化和忽略。但从下面两节我们的分析看，当我们将这一框架应用于具体的经济数据分析时，这些缺点在很大程度上似乎是可以容忍的。

以国际收支为入手点来分析经济波动，看起来似乎是一个颇为古怪的做法，也显著有别于传统的分析思路。但正如我们即将看到的那样，基于对过去二十多年中国经济数据的反复观察和揣摩，我们相信我们所提出的这一框架确实十分简便和有用。

作为起点，我们首先提出这一理论框架的基本假设。这些假设包括：

我们可以将经济体分为可贸易部门和不可贸易部门；其汇率大体固

定；其国际收支项下经常账户开放，资本账户关闭；其总量波动不影响全球经济的平衡格局（即小国经济假设）。

这里需要多提一句的是小国经济假设。对于许多观察者来说，将中国经济假设为小国模型是很奇怪的，毕竟在为数众多的领域中国需求波动在很大程度上决定了国际市场的格局和走向。

问题的关键在于：大国经济假设条件下的分析过程可以等同于封闭经济模型，所以小国模型提供了开放经济条件下的理论极限情形，而现实情况下的开放经济总是介于小国模型和大国模型（即封闭经济模型）之间的某个状态。

由于不可贸易部门的分析必然是封闭经济模型，因此本节实际上已经包括了对大国模型的分析。

一、贸易部门和不可贸易部门

简单而言，以是否能够通过贸易手段弥补供应不足或者输出过剩供给为标准，可将经济体分为可贸易部门和不可贸易部门，前者典型的如个人电脑，后者如理发。

实际上有些产品是否可以贸易是很难判定的，例如电力一般很难进行国际交易，但通过电解铝的出口，电力就部分地实现了可贸易。考虑到语言文化的差异和移民政策的限制，劳动力的跨国自由流动一般很难，但落后国家通过劳动力密集型产品的出口，也可以部分地实现劳动力的可贸易。

尽管如此，将经济体分解为可贸易和不可贸易两个部门，对于分析短期经济活动而言，仍然是可行的简化。

正如我们在本书第二章中所讨论的那样，可贸易部门商品和服务的价格遵从一价定律，由全球范围内的供求决定。理论上，在货物可以自由流动、经常账户下货币可自由兑换的背景下，套利机制将抹平可贸易品价格的差异。假如不考虑运输成本和贸易壁垒，国内外可贸易品的价格水平及其波动应当基本一致。在固定汇率制度安排下，这一点十分明显。

如下图 3—1 所示，如果我们记一国可贸易品的供应曲线为 AS_T，对可贸易品的国内需求曲线为 AD_T，可贸易品的价格 P_T 外生给定（这一点由小国经济假设所决定），则可贸易部门最终产出为 Y_T。供应曲线向右上方倾斜，需求曲线向右下方倾斜，这是经济分析的基本思路，不需要过多解释。

图 3—1 中 P_0 是使得可贸易品国内供求相等的价格水平。一段时期内，资源禀赋、比较优势的差异，或者其他一些因素的存在，使得一个国家可贸易品的生产和消费未必完全相等，在图 3—1 中表现为 P_T 与 P_0 的分离。这时经济体所实现的供应量与需求量出现差异，这一差异实际上就是经常账户盈余 CAS（Current Account Surplus）。

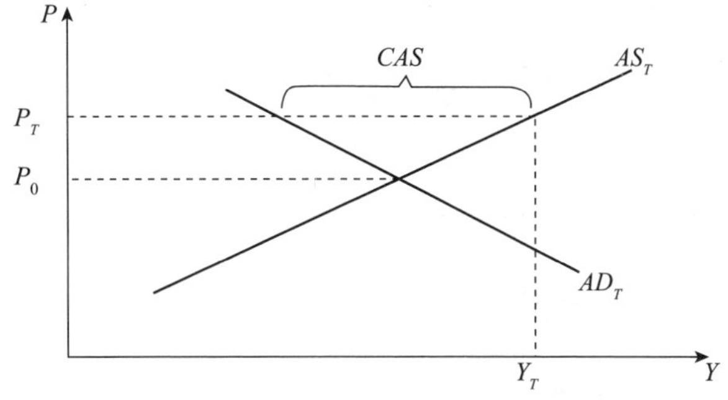

图 3—1　可贸易部门的供求分析

当 $P_T>P_0$ 时，可贸易品的供应超过国内需求，过剩的供给以 P_T 的价格出口到海外，表现为经常账户盈余；反之，当 $P_T < P_0$ 时，可贸易品的供应不足以满足国内消费需求，供应缺口需要以 P_T 的价格从海外进口来弥补，表现为经常账户赤字。

不可贸易部门商品和服务的价格决定相对简单，由国内供求决定。设其供应曲线为 AS_N，需求曲线为 AD_N，均衡产出为 Y_N，均衡价格为 P_N（见图 3—2）。

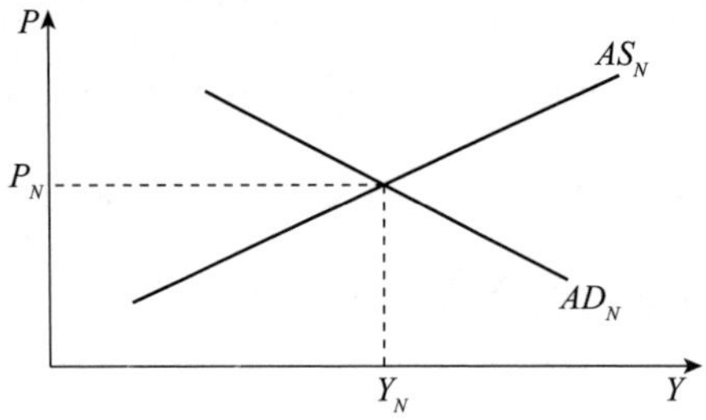

图 3—2　不可贸易部门的供求分析

仔细观察容易知道，在图 3—1 和图 3—2 中，需求曲线对应着国内消费和国内投资，合并起来是国内需求；供应曲线对应着国内消费、国内投资和净出口之和，即总产出。所以一个国家所实现的 GDP 总是处在供应曲线的某个位置。

从图 3—1 和图 3—2 能够看到，一个国家国际收支经常账户的变动，可以归结于三个方面的因素，即需求曲线发生移动、供应曲线发生移动和国际价格 P_T 发生变动。

例如，当全球经济景气上升，或者汇率出现贬值时，P_T 将会上升，形成一国经常账户盈余的扩大和经济总产出的增加。

实际上，这也是人们分析国际收支变动时最常见的分析思路。但在现实条件下，还有两种更重要的系统性力量在影响国际收支，即图 3—1 中需求和供应曲线的变化。

以下我们简单分析这些情形。

二、需求曲线的扩张

如果一个国家的内需，即其消费和（或）投资受到某些冲击，例如景气的上升、预期的改善或政府的政策刺激等，出现扩大的倾向，由于需求的扩张同时包含了可贸易品和不可贸易品两个部分，这时就会出现以下图 3—3 和图 3—4 的情形。

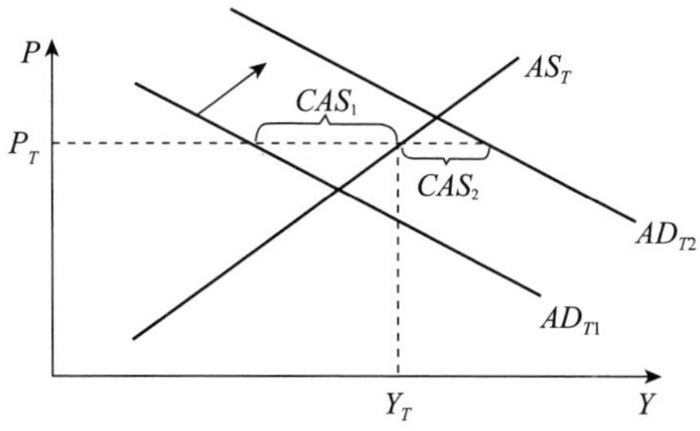

图 3—3 需求扩张对可贸易部门的影响

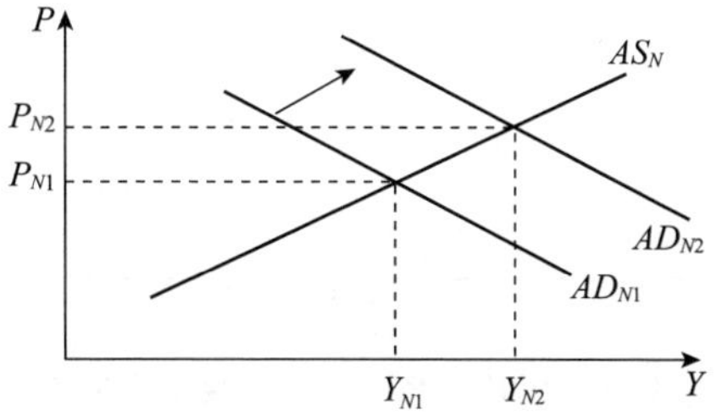

图 3—4 需求扩张对不可贸易部门的影响

很显然，对于可贸易部门来说，其价格水平和总产出都不会发生变化，但需求冲击导致经常账户从盈余 CAS_1 的水平调整为赤字 CAS_2 的水平。

对于不可贸易部门来说，其价格水平和总产出将会上升。

三、供应曲线的扩张

如果一个国家出现技术进步加速、有效资本存量扩大或者劳动者就业倾向改善的冲击，其供应曲线就会右移。由于这些变化会同时影响可贸易部门和不可贸易部门，这时就出现图 3—5 和图 3—6 的情形。

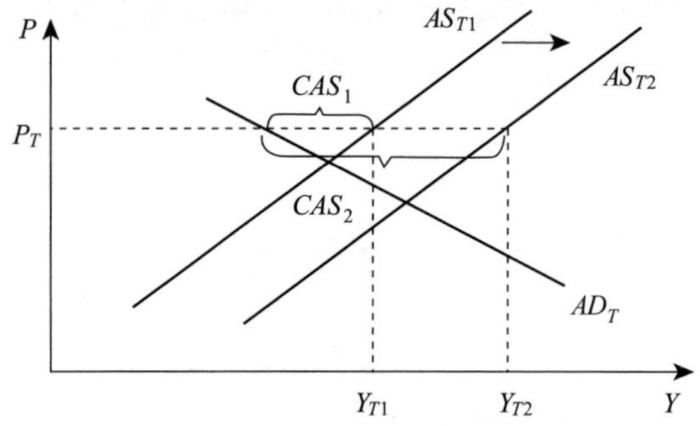

图 3—5 供应扩张对可贸易部门的影响

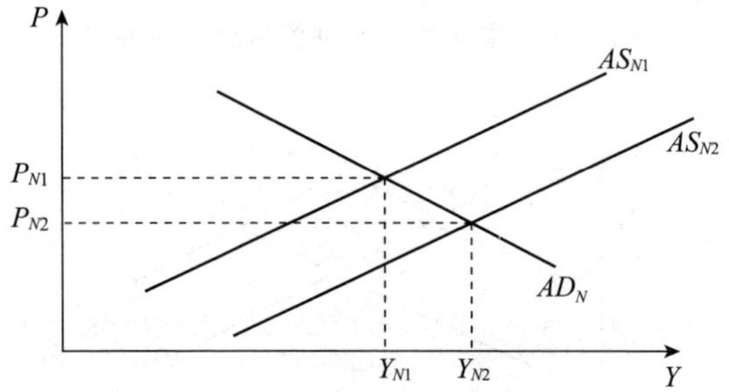

图 3—6 供应扩张对不可贸易部门的影响

很显然，对于可贸易部门来说，其价格水平不会发生变化，但供应冲击导致经常账户从盈余 CAS_1 的水平扩大为盈余 CAS_2 的水平，其总产出从 Y_{T1} 扩大为 Y_{T2}。

对于不可贸易部门来说，其总产出将会上升，价格水平会下降。

四、全球需求的扩张（或汇率贬值）

全球需求的扩张将会导致可贸易品价格上升，出现以下图 3—7 的情形。

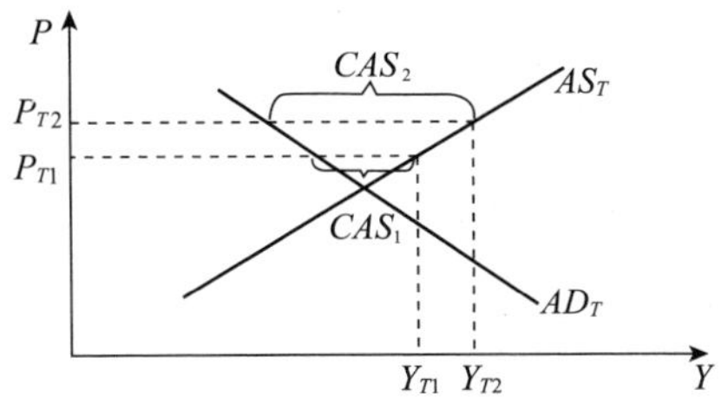

图 3—7 外需扩张对可贸易部门的影响

很显然，对于可贸易部门来说，这时其价格水平从 P_{T1} 上升到 P_{T2}，其经常账户从盈余 CAS_1 的水平扩大为盈余 CAS_2 的水平，其总产出从 Y_{T1} 扩大为 Y_{T2}。

需要注意的是，可贸易部门和不可贸易部门相互还会构成对方的投入品，例如钢铁（可贸易品）的生产需要铁路运输（不可贸易品），电力（不可贸易品）的生产需要煤炭（可贸易品）。因此一个部门产出价格的变化会影响另外一个部门的供应曲线发生移动。

例如国际需求上升，它会影响可贸易部门的价格出现上升。在这种情况下，不可贸易部门面对投入品价格上升的压力，其供应曲线向左侧移动，出现价格上升和产出下降的现象。

更进一步，一个国家总是进口一些商品，并同时出口另外一些商品。这时贸易条件的变化（例如出口品变得更昂贵、进口品更便宜，其贸易条件改善）也会影响国际收支。

在前述框架下，我们可以将贸易条件的改善理解为供应冲击，即由于投入品价格下降，该国可贸易部门和不可贸易部门的供应曲线同时向右侧移动。

在更现实的条件下，外部冲击总是会在系统中引起一系列反应。例如，国际需求的上升改善了出口部门的盈利，会刺激其投资活动，这时国内的需求曲线也会发生右移。

为了分析的简便，我们暂时忽略这些次生影响，集中考虑在其他因素不变的条件下，外部冲击对系统的影响。随后在确实需要的情况下，逐步加入对次生影响的分析。

五、理论应用中的问题

从前面的描述容易看到，经常账户盈余的波动反映着经济领域的重要冲击和变化，但识别冲击的来源需要同时观察其他指标的变化，其中最重要的是可贸易部门以及不可贸易部门的产出和价格。

识别这些冲击来源的重要性在于，它为分析金融市场的变化提供了重要的输入（外生）变量。

在分析实际经济数据的时候，经常账户盈余可以相对便利和可靠地观察，但可贸易部门以及不可贸易部门不容易清晰地定义和识别。

从操作的角度看问题，在面对国内供求冲击的时候，这两个部门产出的变化方向是一致的，因此可以用总产出的变化方向来代替。在发生国际需求冲击的时候，可以通过观察可贸易品价格变动和国际产出变化来识别和确认。

基于本书通货膨胀部分对中美生产资料价格的对比和分析，我们可以合理地认为，中国的生产资料价格指数能够代表可贸易部门的价格，并使用剔除食品以后的核心消费物价指数来代表不可贸易部门的价格。

核心消费物价的一些部分受到政府的严格管制，例如自来水和居民用电的价格，另外一些部分受到全球经济活动的直接影响，例如车用燃料、建筑装修材料等。

但是，我们仍然认为这种替代是可行的，部分的原因在于缺乏其他更好的指标。更重要的原因在于，即使对于可以贸易的商品而言，居民消费的产品也必然包含着相当数量的流通环节成本，这部分隐含的服务是不可贸易的。

此外，政府对价格管制的目标部分在于控制公用事业的盈利，部分在于减轻价格的波动，所以在价格面临上升压力时，政府提价少一些，在物价压力缓解时，政府适当加快调整公用事业价格。这使得核心消费物价的变化方向仍然可以大体反映供求力量的影响，尽管其波动幅度受到了人为的控制。

长期以来，中国核心消费物价的涨幅异常低，这可能与调查样本的设置、标的选取以及政府对价格的控制都有关系。但如果忽略其长期平均水平的低估，集中观察其短期内的变化可能仍然是有意义的。

这样，对于三种冲击来源（国内需求、国内供应、全球供求），我们就有三组以上的指标来进行识别和辨认，即经常账户盈余、总产出、可贸易品价格、不可贸易品价格，以及全球经济产出（我们使用 OECD 工业产出指数来代表）。

高增长低通胀（2005—2007年的案例）

在2005—2007年期间的大部分时间里，在经济增速持续爬升的同时，通货膨胀维持低位，并有所降低，同时经常账户盈余急剧扩大。面对这种局面，当时大多数分析强调汇率低估和国民储蓄率过高，乃至出口导向的经济增长模式是其背后的主要原因，并预测中国经常账户收支可能长期保持巨额顺差。

本节以上一节的国际收支框架为基础，结合当时的其他数据，强调这段时期总供应曲线扩张是一系列经济现象背后最根本的原因，并可以预言，随着总供应扩张的放缓，中国经常账户顺差将快速收窄。

一、总供应释放带来了产出增长与贸易盈余扩张

工业品大多是可贸易品。在汇率相对稳定、货物可以自由流动、国

际收支经常账户项下货币可自由兑换的背景下，套利机制将抹平各国可贸易品价格的差异，全球总供求决定了可贸易品的均衡价格水平。固定汇率制度下，国内外可贸易品的价格波动应当基本一致。现实情况是，1996 年中国经常账户可自由兑换以后，中美工业品出厂价格指数表现出了高度的同步性（见图 3—8）。

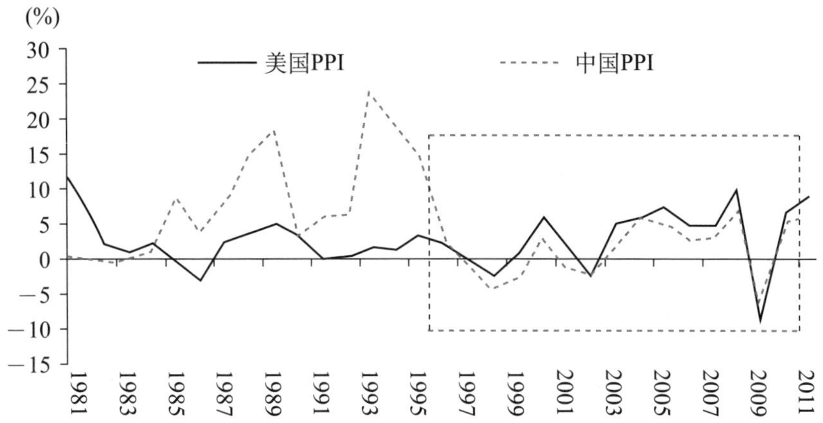

图 3—8　中美 PPI 同比增速

资料来源：CEIC，安信证券。

这表明，将中国经济处理为一个开放经济体来分析问题，至少对于过去十年的情况而言，大致是可以接受的。

在小国经济的假设下，本国可贸易部门供求变化对全球 PPI 影响有限，因此可贸易部门的价格水平可以被认为是外生的。需要指出的是，随着中国经济体量的逐步扩大，中国供求的变化在为数众多的领域正在对全球价格水平产生明显影响。因此现实的中国经济实际上介于小国模型与大国模型之间的某个状态，小国模型的分析实际上提供了一种极限情形。

中国的贸易盈余在 2004 年四季度以后的三年内持续扩张，到 2007 年，年度贸易盈余占名义 GDP 的比例超过 7%，为改革开放以来的最高水平（见图 3—9）。

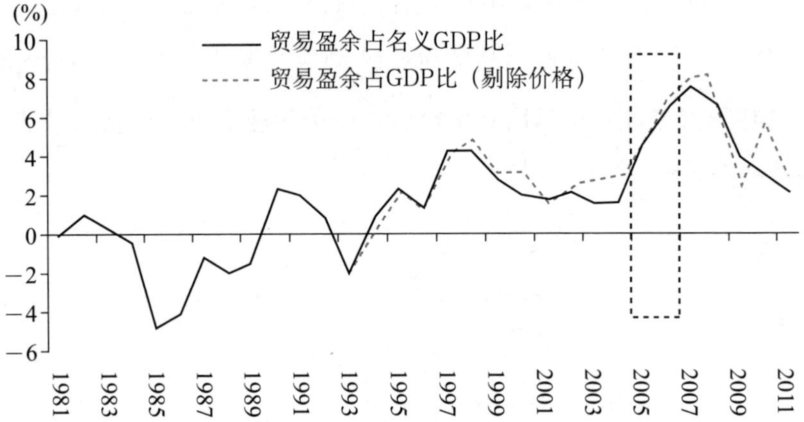

图 3—9 贸易盈余占 GDP 比

说明：根据贸易指数及 GDP 平减指数剔除价格影响。

资料来源：CEIC，安信证券。

基于国际收支变化的总供求分析框架（见图 3—10），我们很容易得出，一国贸易盈余的扩张有三种可能的冲击：海外需求的扩张（或人民币汇率的贬值）、国内总供应的释放和国内总需求的收缩。

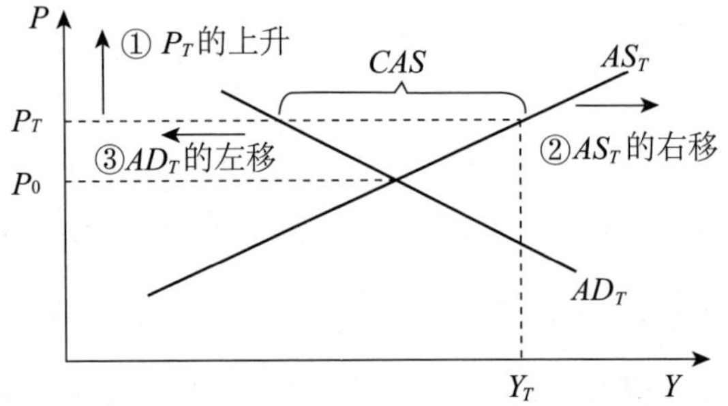

图 3—10 可贸易部门供求分析：CAS 扩张的冲击来源

资料来源：CEIC，安信证券。

显然，尽管贸易盈余的波动反映着经济领域的重要冲击和变化，但仅仅依靠单一的贸易盈余指标无法有效识别冲击的来源，还必须结合国内两部门产出和价格、全球工业部门产出和价格等指标综合判断。

那么，我们如何识别是否由于国内总需求的收缩导致了贸易盈余的扩张呢？我们知道，在国内总需求收缩的背景下，尽管可贸易部门的产出水平是稳定的，但由于不可贸易部门总需求曲线的左移，带来该部门产出的下降，从而最终国内总产出水平应该是下降的。

但是 2005—2007 年期间，我国总产出增速不断攀升，并在 2007 年创下了 1992 年以来的最高水平（见图 3—11）。这清楚地表明，国内总需求的收缩不可能是此期间贸易盈余扩张的主要原因。

图 3—11 GDP 增速

资料来源：CEIC，安信证券。

那么，海外需求的扩张或人民币汇率的贬值，会不会是这段时间推动贸易盈余上升的主要力量呢？如果以 OECD 工业产出来代表全球工业部门总产出，容易看到，2005—2007 年期间全球工业产出增长水平大体稳定，并未出现持续加速（见图 3—12）。从价格情况看，同期全球工业品价格增速出现小幅下降，也不倾向于支持全球工业产出显著扩张的推断（见图 3—8）。

海外需求变化还可能通过贸易条件的改善扩张贸易盈余（这也可以解

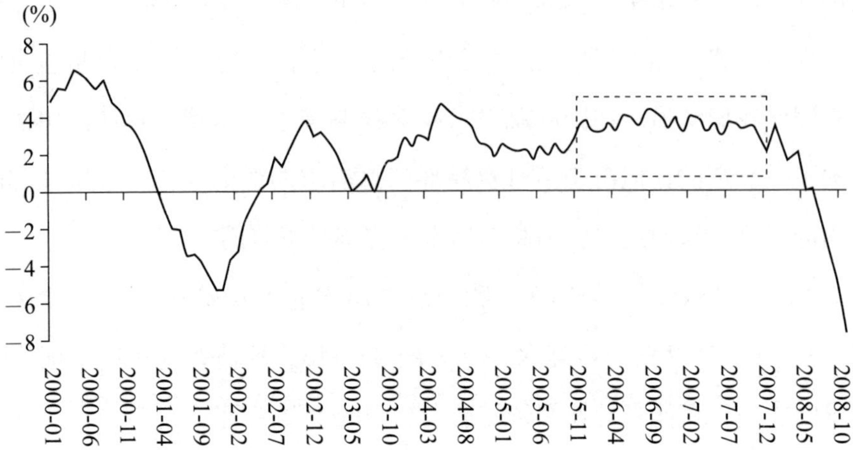

图 3—12　OECD 工业产出同比

资料来源：CEIC，安信证券。

读为某种形式的供应冲击）。然而图 3—9 进一步报告了剔除受进出口价格指数变化影响的贸易盈余占比变化情况，它清楚地显示，在 2005—2007 年期间（实际上还包括 2002—2004 年）中国的贸易条件实际上是在恶化的，其主要原因应该是相对制成品而言大宗商品价格的大幅度上涨。

在图 3—9 中，这具体表现为：在剔除进出口价格指数的影响后，贸易盈余的相对占比实际上更高了。这显示这段时期贸易条件的变化倾向于降低，而非扩张贸易盈余。这一结果进一步排除了海外需求成为主要影响的可能性。

从汇率层面看，2005—2007 年人民币名义有效汇率和实际有效汇率稳中有升（见图 3—13），应该不存在明显的人民币汇率贬值导致出口竞争力显著提升的情况。

因此解释 2005—2007 年期间贸易盈余的显著扩张，看起来唯一合理的解释是总供应曲线的扩张（右移）。

一般地，我们可以通过观察产出变化在供应和需求之间作出区分，

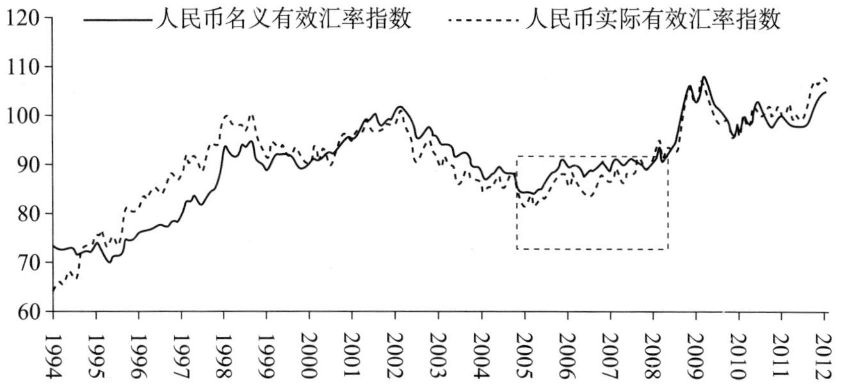

图 3—13　人民币有效汇率指数

资料来源：CEIC，安信证券。

通过观察海外价格和贸易条件的变化在外部和内部影响因素之间作出区分，从而逐步推定贸易盈余变化背后的主要影响因素。

理论上，如果锁定国内情况进行观察，为了区分内外因素的影响，例如搞清楚 2005—2007 年期间，到底是海外需求扩张还是中国供应释放在起主导作用，那么国内经济的判决性指标应该是不可贸易部门的价格。

如果海外需求扩张，无论是通过间接的需求拉动，还是直接的成本推升，国内不可贸易部门的价格都会上升；如果国内供应能力扩张，那么不可贸易部门价格将会下降。这两种情况在不可贸易部门价格变化中的表现是相反的。

另外一种做法是集中考虑工业领域下游行业的情况，这时资本约束的有效性可以维持。同时，下游工业行业更加接近消费品领域，其产品标准化程度低，对于渠道依赖较多，相对中上游行业更加不可贸易。

在操作中，考虑到这些情况，我们同时考察两个有关国内情况的指标，分别是核心消费物价指数（即剔除食品以后的消费物价指数）和下游工业企业销售利润率（见图 3—14 和图 3—15）。

图 3—14　CPI 非食品价格同比

资料来源：CEIC，安信证券。

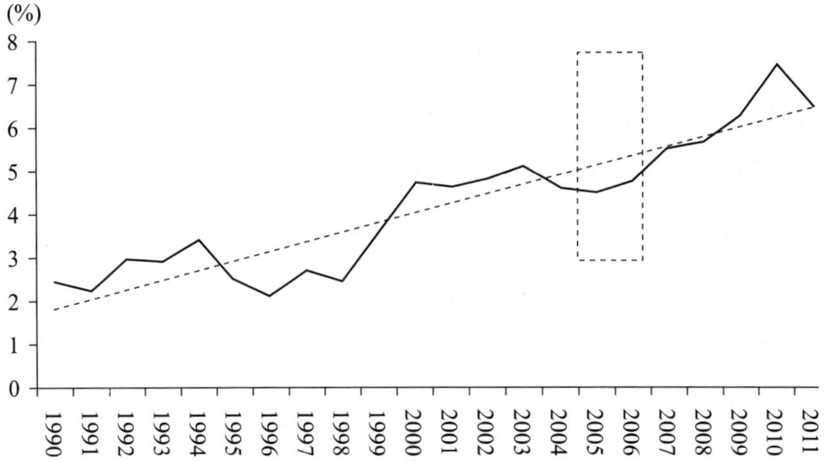

图 3—15　下游工业企业利润率

说明：下游构成为农副食品加工业、食品制造业、饮料制造业、烟草制品业、纺织业、纺织服装鞋帽制造业、皮革毛皮羽毛（绒）及其制品业、木材加工及木竹藤棕草制品业、家具制造业、文教体育用品制造业、医药制造业、交通运输设备制造业、通信设备计算机及其他电子设备制造业。根据可贸易程度，剔除偏原料的纺织业，如木材加工和一定程度上可贸易的交运和通信设备，添加电力、热力，以及非金属矿物制品。

资料来源：CEIC，安信证券。

从年度的核心消费物价指数看，图 3—14 清楚地显示，在 2005—2007 年期间非贸易品价格维持低位，并小幅度下降，这与总供应扩张的预言是完全一致的。

从下游工业企业的销售利润率看，在过去二十多年中其呈现持续上升的趋势，这可能反映了行业资本深化的过程，即单位产出需要使用更多的资本来完成。一个相关的证据是从行业的横断面来看，利润率提高越显著的行业，其资本密度的提高也更大。

如果剔除这样的趋势，容易看到在 2005—2007 年期间，下游行业的利润率受到明显抑制，这与供应能力扩张的预期是一致的。

类似地，如果进一步假定国内供应扩张的原因是资本形成的加速，那么判决性的指标还包括产能利用率，特别是不可贸易部门的产能利用率，例如电力设备利用小时的情况可以作为旁证。图 3—16 清楚地显示这段时期，发电设备的利用率确实在明显下降，这与总供应扩张的预测也是吻合的。

二、资本存量的扩大是总供应扩张的主要来源

如果说迄今为止我们可以大体断定 2005—2007 年期间影响经济的主要冲击是总供应的扩张，我们仍然需要进一步弄清楚，这到底是来自资本存量的增长，还是劳动力供应意愿的上升？需要弄清楚，在多大程度上这可能来自技术进步的加速？

在资本和劳动力之间进行区分是相对容易的：如果资本存量的有效扩大是主要的原因，那么在劳动力市场将会出现就业扩大与工资加速上升并存的局面；如果劳动力供应意愿上升是主要的，那么将出现就业扩

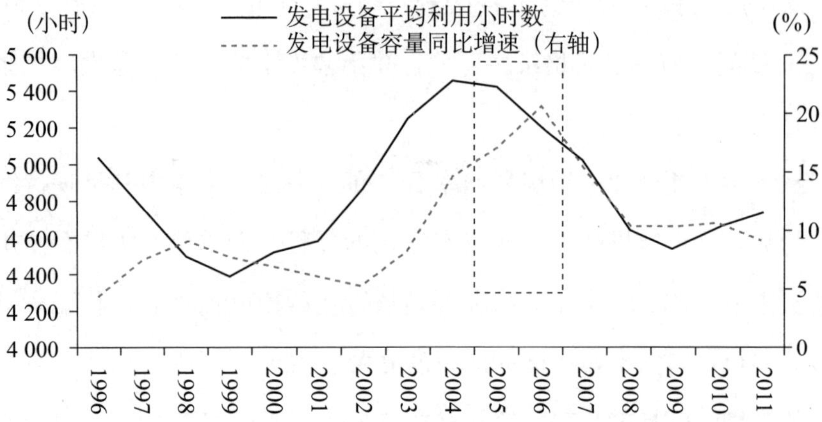

图 3—16　发电设备平均利用小时数和发电设备容量同比增速

资料来源：CEIC，安信证券。

大与工资减速并存的局面。

中国的总量统计就业数据可能存在很多不足，但如果我们认可其揭示的趋势，而非看重数据所显示的水平和规模的话，容易看到在 2005—2007 年期间城镇就业人数确实在加速上升（见图 3—17），同时登记失业率连续下降（见图 3—18）。

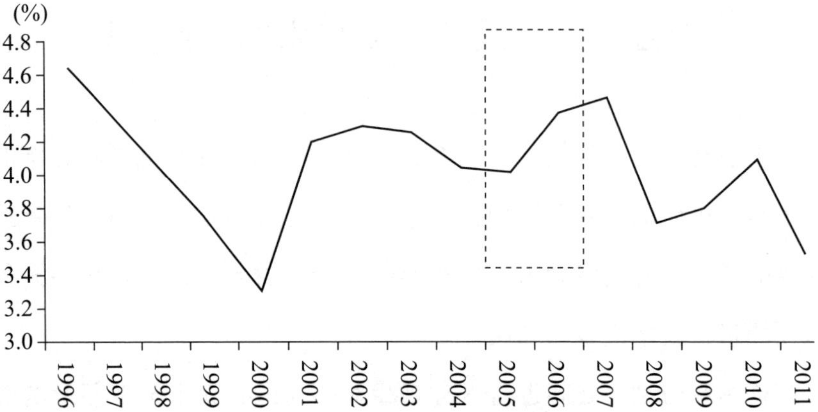

图 3—17　城镇就业人数增速

资料来源：CEIC，安信证券。

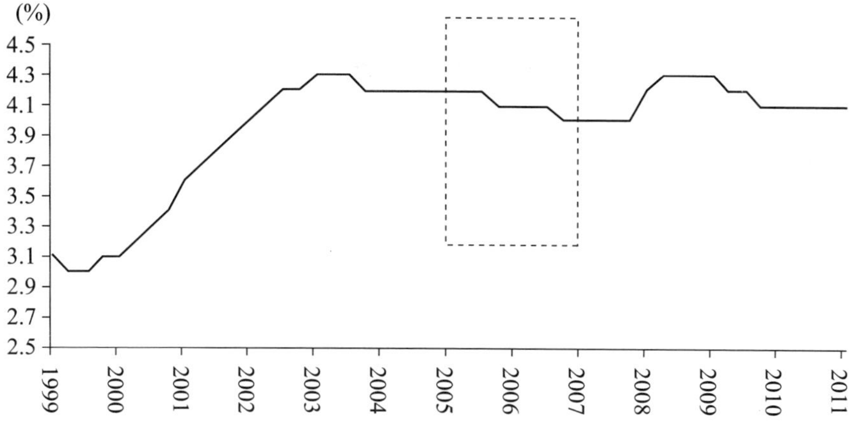

图 3—18　城镇登记失业率

资料来源：CEIC，安信证券。

同期的工资数据我们从两个角度来观察，即城镇平均工资增速（见图 3—19）和 CPI 家庭服务与加工维修服务（见图 3—20，我们认为它隐含了低端劳动力市场的工资趋势）。容易看到，在 2005—2007 年期间工资收入确实在加速增长。

劳动力供应量与平均工资水平的同时上升表明，劳动力供应意愿的上升，不是 2005—2007 年总供应扩张的主要原因。

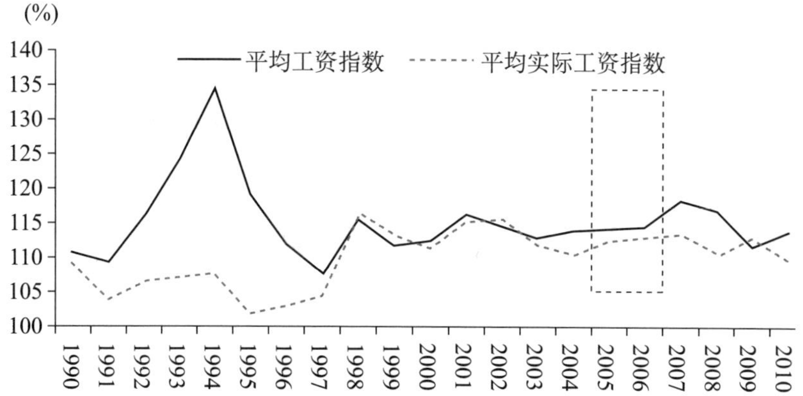

图 3—19　城镇平均工资增速

资料来源：CEIC，安信证券。

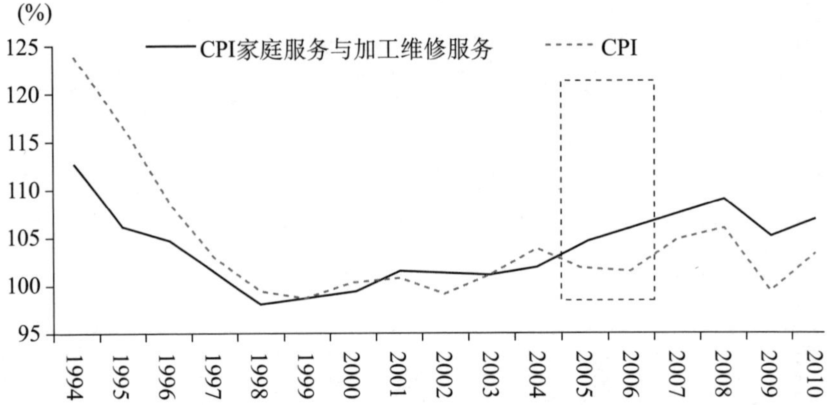

图 3—20　CPI 家庭服务与加工维修服务

资料来源：CEIC，安信证券。

技术进步方面的情况更复杂一些，部分原因在于它难以内生地解释，甚至无法准确地测量。许多对技术进步的测度实际上把它作为一个残差项，认为它是无法用资本和劳动力来解释的剩余的经济增长，这使得测量结果比较依赖对生产函数和资本存量等因素的某些具体设定。

例如人们可以方便地假设，去年的固定资产投资可以计入今年的资本存量（剔除一些折旧和价格因素后），从而展开计算。但在技术和经济的意义上，是否所有的投资项目都可以在开工一年以后形成有效的生产能力是存在疑问的，例如核电站的建设、高速铁路的建设需要多年时间才能完工。

如果我们专注于经济的长期趋势，这样的简化也许不会带来很大的问题；如果我们专注于中短期的经济波动，这样的简化对供应能力的计量，以及技术进步的测度可能都会出现较大的偏差。

因此，如果技术因素在短期内的变化显著影响着经济的总供应，我们在识别和测量方面确实存在很大的困难，无法确定地排除其影响，更不用说有些技术进步是偏向资本的，有些偏向劳动力，有些则可能是要素中性的。

然而，我们仍然怀疑 2005—2007 年期间，技术加速进步的因素即使存在，也不大可能是主导性的。关键的证据在于：就像我们以后即将讨论的那样，从历史数据看，总供应能力的扩张总发生在总需求快速扩张（这通常由投资扩张来主导）一段时期之后，并且总需求的扩张和收缩，以及总供应的扩张和收缩似乎总是有节律地交替出现，呈现比较明显的周期性。我们并没有确切的理由相信，技术进步应该遵循这样的模式，实际上更合理的预期也许是，技术冲击的发生具有随机性。

放慢的潜在增长（2008—2012年的案例）

在2008—2012年期间，中国经济的总需求经历了一系列冲击，例如2008年的全球金融危机，2009年初的“四万亿”政府刺激计划，房地产泡沫和持续的房地产调控政策，2011年的通货膨胀和货币政策紧缩等，这对经济内在力量决定的运行趋势形成巨大扰动，也使得金融市场对政府政策呈现前所未见的密切关注。但是，就这五年时间里的情况平均而言，由于内在周期性力量的起伏，经济总供应收缩和经常账户盈余下降的趋势仍然是十分清楚的。

本节以前面提出的国际收支框架为基础，结合这段时期的经济数据，强调尽管2008年金融危机以后全球经济和贸易活动增长的放缓对中国经济产生了明显影响，但总供应曲线收缩的影响在整个时期来看可能更为基本。容易注意到，这与上一节讨论的2005—2007年期间总供应曲线扩张的过程是反向而行的。

一、2008—2012年总体上贸易盈余收缩与经济增速下降并存

2008年以来，中国国际收支领域发生的一个非常明显的变化是，贸易盈余绝对额以及贸易盈余相对于名义GDP比例的趋势性下降（见图3—21）。2011年贸易盈余占比已经下降到3%以内，按照一些学术研究的标准，这一水平已经处于“合理区间”。

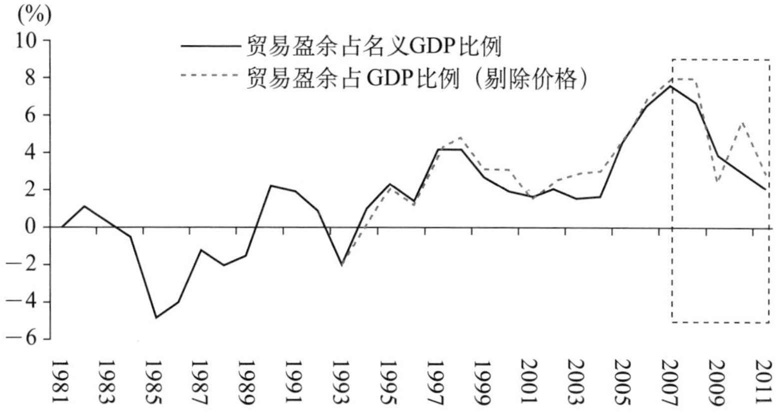

图3—21 贸易盈余占GDP比例

说明：根据贸易指数及GDP平减指数剔除价格影响。

资料来源：CEIC，安信证券。

基于国际收支变化的总供求分析框架，导致贸易盈余收缩的原因可以归结为国内需求的扩张、海外需求的萎缩（或人民币汇率的升值）以及经济总供应能力的收缩等。

国内需求扩张的解释是很容易排除的，这是因为如图3—22所示，2008—2012年总体上中国经济的增速是在不断下降的。

从剔除进出口价格指数以后实际贸易盈余的表现来看，正如图3—

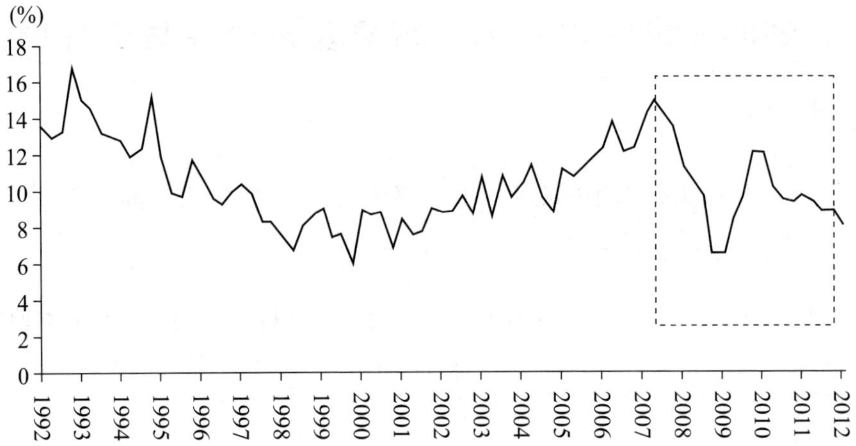

图 3—22 GDP 当季同比增速

资料来源：CEIC，安信证券。

21 中所示，危机之后贸易条件的变化等因素也不大可能是主要的。

金融危机导致衰退和其后全球经济增长的放缓提供了一个有吸引力的备选解释。

从人民币有效汇率指数来看（见图 3—23），2008 年以后人民币有效汇率经历了台阶式上升。与 2007 年底相比，2011 年底实际有效汇率升值 19%，名义有效汇率升值 16%。汇率升值显然有可能促进了国际收支的平衡。

显然，产能投放的减缓和总供应曲线的左移也可以同时解释 2008—2012 年贸易盈余和经济增速的变化。

那么，在全球经济减速（汇率升值）和总供应收缩这两种竞争性的解释之中，我们如何作出区分呢？我们如何知道哪个解释更加重要和基本呢？判决性的证据是国内不可贸易部门的通货膨胀变化。

如果海外需求收缩或者汇率升值是主导性的，那么无论是由于这些因素所导致的总需求收缩，还是它们所导致的（以本币标价的）

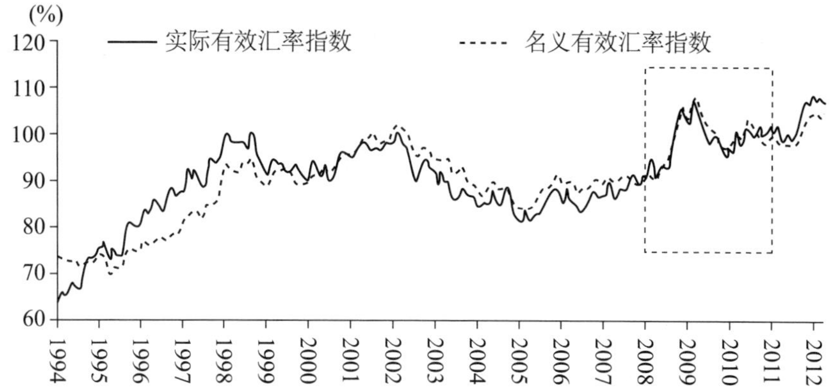

图 3—23　人民币有效汇率指数

资料来源：CEIC，安信证券。

可贸易商品价格的下降，国内不可贸易部门的价格都将走低；相反，如果国内供应收缩是主导性的，那么国内不可贸易部门的价格将会走高。

我们可以把 2005—2007 年以及 2008—2012 年这两段时期经济数据的对比总结在下表 3—1 中。

表 3—1　总供应扩张与总供应收缩期间经济数据的对比

经济指标	2005—2007 年平均	2008—2012 年平均
全球经济增速（购买力平价汇率）	5.1	2.9
全球经济增速（市场汇率）	3.8	1.8
OECD 工业增速	3.0	−0.3
美国中间品 PPI	5.6	3.4
中国名义出口增速	27.2	12.2
中国实际出口增速	23.0	8.7
中国经济增速	12.7	9.3
中国规模以上工业增速	17.2	12.7
城镇职工名义工资增速	15.9	13.6
城镇职工实际工资增速	12.9	10.0
城镇就业人员增速	4.3	3.7
食品类消费物价	5.8	7.8

续前表

经济指标	2005—2007年平均	2008—2012年平均
非食品类消费物价	1.1	1.1
广义货币M2增速	17.2	18.4
国债期限利差 （十年期－一年期国债）	1.4	1.2

资料来源：CEIC，安信证券。

从表3—1中容易看到，金融危机以后，全球的经济和工业增长经历了显著的减速，与此相适应，同期全球的生产资料价格以及中国的出口增速都显著下降，这无疑会减缓中国经济的增长速度。

因此这段时期中国经济和工业增长放慢，城镇职工工资增速和就业人员数量增长放慢，当属情理之中。

然而值得注意的是，在内外经济显著减速，出口大幅放缓，全球可贸易品价格也明显下降的背景下，中国的通货膨胀水平不降反升，其中食品类通货膨胀水平上升了2个百分点，非食品类通货膨胀基本持平。

我们在本书前面关于通货膨胀部分的讨论中提到，在经济经过刘易斯拐点以后，由于低端劳动力价格的阶段性加速，食品类通货膨胀的波动中枢将经历明显抬升，因此也许可以考虑这一结构性因素对通货膨胀的影响，以此解读其对2008—2012年期间食品类数据的冲击。

即使如此，非食品类消费物价的表现也是相当奇怪的。要知道，从需求的角度看，这段时期内外经济增长都在减速；从供应的角度看，可贸易品价格和城镇职工工资增速也都出现下降，那么为什么非食品类消费物价会与2005—2007年基本持平呢？合理的解释是，2008—2012年期间总供应曲线左移，由于总供应能力增长放慢，推高了不可贸易品的价格。

那么这是否可以归结为货币方面的因素呢？正如表中所示，后一时期广义货币增速大约加快了1.2个百分点。

我们知道货币影响通货膨胀一般有两个渠道：一个是影响总需求的快慢，一个是影响通货膨胀预期。就前一渠道而言，货币的影响应该已经包含在经济和工业增速等数据中；就后一渠道而言，正如表中国债期限利差数据所显示的那样，金融市场的定价显示，后一时期的通货膨胀预期相较前一时期并未明显上升。

这是由于如果通货膨胀预期在上升，那么在其他因素不变的条件下，国债的期限利差会扩大。但表中数据显示，在食品类通胀上升、非食品类通胀持平的情况下，国债的期限利差实际上下降了。

同样，如果我们可以合理地假定下游工业企业相对而言更加不可贸易，那么在海外需求收缩或者汇率升值的情况下，我们应该预期下游工业企业盈利的趋势性恶化；在供应收缩的情况下，我们应该预期下游工业企业盈利的趋势性改善。

图 3—24 和图 3—25 的结果显示了下游工业企业盈利能力的变化情况。

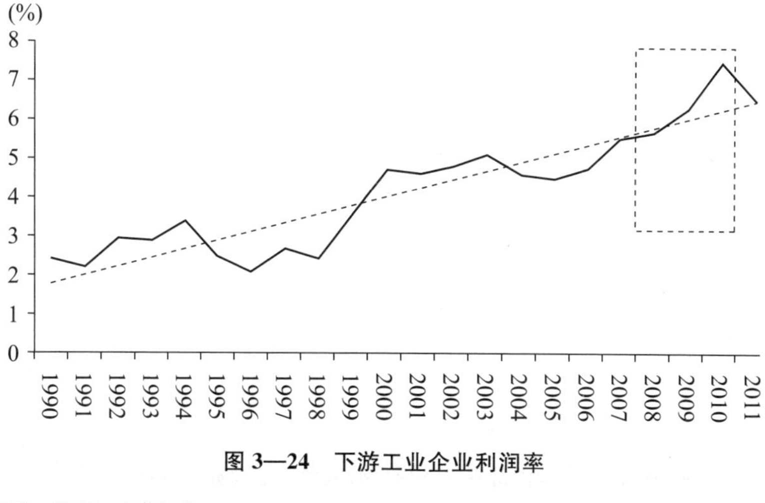

图 3—24 下游工业企业利润率

资料来源：CEIC，安信证券。

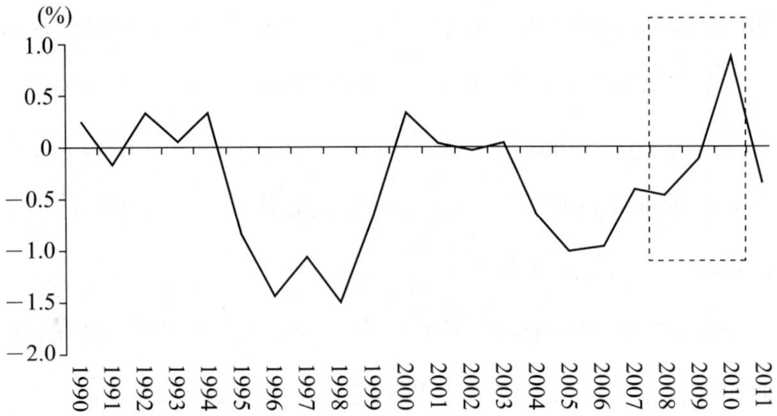

图 3—25　下游工业企业利润率

说明：剔除趋势用的线性回归取残值，在用 HP 滤波等其他方法剔除后得到的波动状况是相似的。

资料来源：CEIC，安信证券。

就下游工业企业盈利的情况看，通过期间平均来抹平需求波动，2008 年以来的水平明显高于 2005—2007 年期间的水平，也是比较清楚的。

同样地，观察发电行业设备容量增长和产能利用率情况，也能够得到供应能力增长放慢的一个直观感觉（见图 3—26），当然其在宏观上的代表性是存疑的。

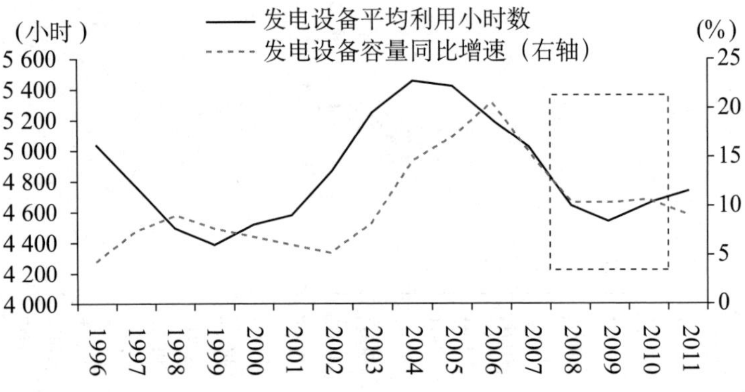

图 3—26　发电设备平均利用小时数和发电设备容量同比增速

资料来源：CEIC，安信证券。

二、资本形成的趋势性放缓应该是总供应能力收缩的基础

与上一节的分析相似，我们迄今可以大体相信 2008—2012 年期间经济总供应能力的增长在放缓。进一步地，通过下面的讨论，我们相信，经济总供应能力放缓的关键原因，不大可能是劳动力供应的变化，而应该是竞争性行业资本形成的持续减速。

观察城镇就业和工资的增速（见图 3—27 和图 3—28），容易看到，2008 年以来，在就业增速减缓的同时工资增速也在放慢，这在很大程度上排除了劳动力供应意愿下降或劳动人口减少是主导原因的解释。

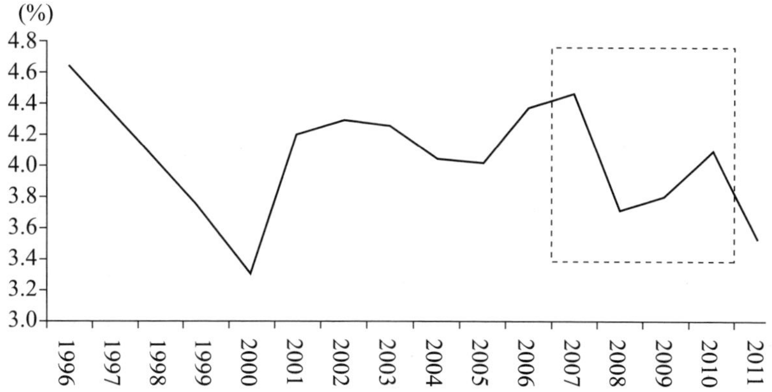

图 3—27　城镇就业人数增速

资料来源：CEIC，安信证券。

观察资本存量波动的一个简便的视角，是比较前后两段时期固定资产投资的平均情况。考虑到从投资的发生到供应能力形成之间的滞后，我们可以对 2002—2006 以及 2007—2012 年期间的投资数据进行比较。

需要注意的是，房地产投资完成后，可以带来虚拟租金并对 GDP 产生贡献；政府基建完成后，除了带来虚拟租金以外，甚至可以促进经济

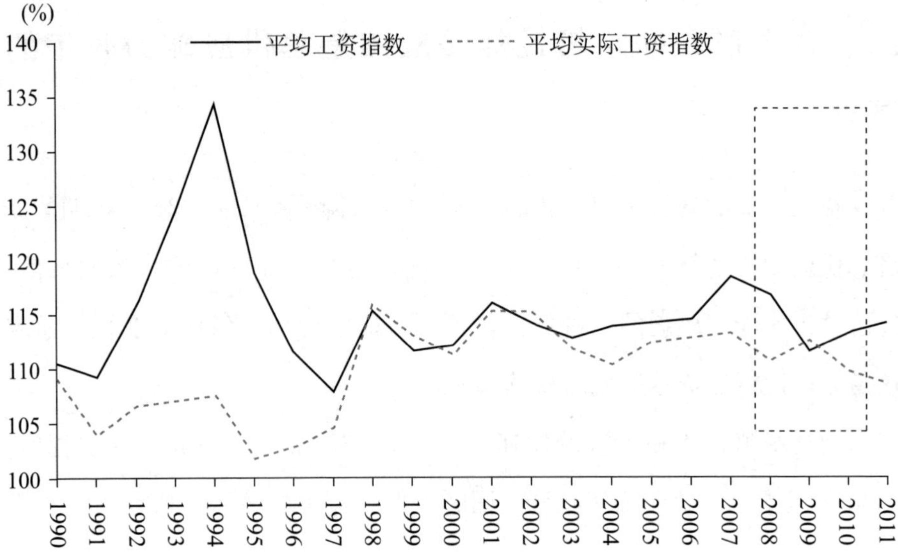

图 3—28 城镇平均工资增速

资料来源：CEIC，安信证券。

竞争力的提升。但是我们认为，相对于竞争性行业的投资活动而言，房地产和基础设施投资尽管可以通过虚拟租金等机制提升未来经济的供应能力，但其影响应该更有限。一个有趣的证据是，在会计核算上，房地产和基础设施的折旧年限要长得多，而制造业设备的折旧年限相对很短。

换句话说，与制造业投资相比，同样数量的房地产投资和基础设施投资，对经济未来数年内供应能力增加的贡献要小得多，更不要说其可能带来房地产泡沫、政府投资导致的资源误配等负面贡献。我们将相关数据总结在表 3—2 中。

表 3—2　2002—2006 年以及 2007—2012 年两段时期投资增速比较

经济指标	2002—2006 年平均	2007—2012 年平均
全部固定资产投资	24.4	25.2
政府基建投资	16.8	21.6
房地产投资	24.6	24.1

续前表

经济指标	2002—2006 年平均	2007—2012 年平均
制造业投资	39.6	28.8
生产资料价格指数	4.0	2.5
固定资产投资价格指数	2.2	3.6

资料来源：CEIC，安信证券。

中国的固定资产投资数据可信度不太高，投资的价格指数在一定程度上也是如此。如果我们不细究数据的具体数值，而关心数据的大体趋势的话，结果也许可以勉强接受。

从表 3—2 看，前后两段时期的房地产投资增速大体接近，但一个显著的差别是，后一段时期制造业投资增速显著下沉，并为上升的政府基建投资所弥补。因此，在房地产投资和政府基础设施建设以外，竞争性行业的固定资产投资和资本形成在 2006 年以后出现了持续和明显的放缓（见图 3—29），我们认为这应该是 2008 年以来经济总供应能力放缓的主要原因。

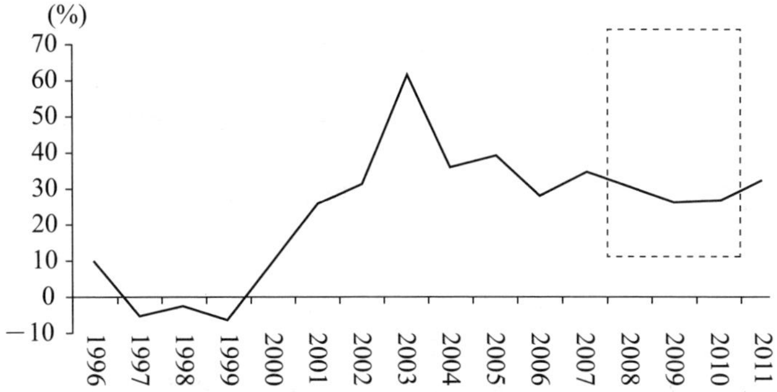

图 3—29 制造业固定资产投资增速

资料来源：CEIC，安信证券。

技术进步因素在 2008 年以来持续减缓，这样的解释当然无法排除，但从总供应波动的历史特征，特别是其相对滞后于私人部门投资的增速等情况看，我们猜测这一因素也许不是最关键的。

第四章
理解资产重估

■ 中国资本市场的一些参与者对资产重估理论的基本想法和预测多少抱有兴趣，但通常认为它难以理解，并且与人们通常分析市场变化的思路很不一致，这也许与我们的表述习惯有一定关系。

■ 我们尝试对一个代表性企业的资产负债表进行分析，从而解释资产重估理论的大体思路，这种表述似乎更符合市场参与者的思考习惯。

资金的来源与运用

本节及后面的四节内容讨论我们理解金融市场变化的思路和框架，以前我们称之为“资产重估理论”。其中前三节讨论了这一框架的假设和推导过程，后两节讨论了具体的经验证据。

它的基本想法是：考虑一个代表性的微观经济个体的资产配置选择问题，其所面对的资产类别在宏观加总过程中要能够符合和满足基本的总量约束关系；将实体经济的变化理解为外生和给定的冲击；同时不考虑金融市场变化对实体经济的反作用，以简化分析过程。在这些假定下，我们试图理解实体经济变化在金融市场上形成的一系列影响，并随后梳理相关的经验证据，以检验理论的基本预测。

一、经济部门的划分

在引入资产重估理论的模型之前，我们先将经济部门作一个划分。

为了模型分析的简单，我们忽略对政府部门的分析。我们假定，一国经济分为两个部门：金融部门和实体经济部门。金融部门指的是中央银行和以商业银行为代表的存款性金融机构；实体经济部门包括企业和居民。

在一个开放的经济体中，由于实体经济部门的贸易活动和海外投资活动，实际上还隐含了一个国外部门的存在。

二、实体部门代表性的微观个体资金来源和运用的约束关系

下面我们引入实体经济部门中，一个代表性的微观个体 i 在一段时间内资金的来源和运用的约束关系：

$$\Delta DC_i + Y_i \equiv C_i + \Delta M0_i + \Delta D_i + \Delta B_i + \Delta L_i + \Delta PC_i + \Delta NFA_i \tag{4—1}$$

首先来看（4—1）式的左边。

ΔDC_i 指的是该段时间内整个金融部门（包括中央银行和商业银行）持有的对个体 i 的国内债权（Domestic Credit）的变化。Y_i 指的是个体 i 对应的国民收入，对于居民来说，可以理解为劳动者报酬或者个人可支配收入；对于企业来说，可以认为对应于营业盈余或者公司未分配利润等等，国内居民在境外工作和投资所获得的报酬也可以包含在这里。

这里的 Y_i 属于国民收入核算的范畴，需要与资本增值、存量资产的重估带来的财富效应相区分，后者本质上是资产重估的结果。

ΔDC_i 与 Y_i 两项相加的含义是，对于代表性的居民和企业来说，其资金来源的构成，要么源于勤奋工作或者经营资本获得的收入，要么源

于从金融部门获得的贷款。除此之外，没有其他渠道。

那么，代表性个体如何运用这些资金？第一项运用自然是消费，即（4—1）式右边的 C_i。除了消费以外，个体还会对其剩余的资金进行经营，配置到各种类别的预期能够给所有者带来收益的资产当中。

在一个经济体中，到底有哪些可供选择的资产？（4—1）式中，我们看到的资产类别包括 M_i、D_i、B_i、L_i、PC_i 和 NFA_i。

M_i 指的是流通中的现金（也可以进一步包括高流动性的银行存款，例如企业支付账户上的活期存款）。这项的定义很清楚，毋庸赘言。持有现金资产之所以具有收益，最重要的原因在于，现金能够使得个体的交易行为可连续发生。

D_i（Deposit）指的是银行存款，包括企业的定期存款以及居民储蓄存款之类的准货币。持有这类资产的收益是作为未来支出的保障以及获得一定的利息收入。

B_i（Bond）指的是债券，这是一个很宽泛的概念，可以包括债券、股票等广泛的借贷关系之中形成的债权和股权。

值得注意的是，实体部门内部代表性个体之间的借贷关系也包括在这里。举个例子，甲企业从乙企业获得了一笔借款，对于甲企业来说，这笔借款实际上是其持有的一个债券；对于乙企业来说，我们可以将其看作持有了一个负的债券。企业在规范的债券和股票市场进行筹资活动，其结果是类似的，即筹资企业或个人持有了负的债券（股票），出资企业和个人持有了对应的债券（股票）。

由于我们接下来会把实体经济部门合并在一起看问题，这笔债权债务在加总过程中会相互抵消。

我们之所以将存款性金融机构单列出来，而将实体经济内部个人以及企业之间的借贷关系放入（4—1）式的右边，一方面是为了分析的简便，更重要的原因在于：对于商业银行占主导地位的经济体而言，实体经济个人之间的借贷关系，其对宏观经济总量变化的系统重要性是有限的。

L_i 也代表一个比较广泛的资产类别，例如房地产、土地，以及包括古董、大宗商品、各种邮币卡等在内的另类资产。我们给这类资产施加的最重要的定义是其供应曲线完全垂直，例如一宗国家的土地，或者一件古董。这样，此类资产的交易一般不直接形成国民收入。

当然，严格地说，这类资产的交易需要支付佣金，这就形成了国民收入的一部分，其价值的增长会形成财富效应，进而影响消费活动，还通过抵押品价值的上升影响信贷市场，进而影响投资活动等。但我们忽略前一项影响，同时认为后一项影响是间接的作用过程，并非其交易本身直接形成了国民收入的创造。

持有这类资产有时候看起来并没有收益，但理论上其收益可以通过向其他个体出租，从而获得租金的方式来实现。例如古董，我们可以设想其被持有人独占地或小范围地欣赏，这种欣赏活动在理论上是有用的和稀缺的，从而是有商业价值的。相反，尽管月色也很美（从而是有用的），但其并不稀缺，无法独占地欣赏，所以其商业价值为零。

PC_i 指实物资本，这比较容易理解，包括厂房、机器设备等。我们还可以把存货也归入这一类。持有实物资本的收益很显然，就是通过运营而获得投资回报。

NFA_i（Net Foreign Asset）与通行的定义一致，指的是实体部门代表性个体持有的国外净资产，即其持有的国外总资产减去国外总负债后的差额。

这里需要与一国持有的国外净资产区分。实际上，实体部门持有的国外净资产只不过是一国持有的国外净资产的一部分，其另外的部分是金融部门（以及政府）持有的大量国外资产，例如巨额的外汇储备，以及商业银行在境外金融机构的头寸等。持有国外净资产的收益，包括追求投资收益、规避汇率风险和政治风险等等，也是非常清楚的。

在一个给定的时期内，实体部门代表性个体通过（4—1）式左边的渠道获得资金以后，通过（4—1）式右边的消费以及资产配置活动将其运用出去，形成了其资产负债表（以及损益表和现金流量表）的调整，我们接下来的分析集中考虑其资产负债表受到的影响。从核算的角度来看，资金的来源和运用必然相等，这样就构造了代表性个体资金来源和运用的约束恒等式。

三、资金来源约束会计恒等式的证明

我们接下来对（4—1）式作一个简单的证明，以显示从宏观经济的总量层面看问题，这一表达至少在会计上是正确的和完备的。

首先，我们将实体部门所有代表性个体的资金来源和运用进行加总。对于实体经济部门总体来说，一个单位的债权必然对应另外一个单位的债务，合并以后，有$\sum \Delta B_i \equiv 0$；一段时期内，一个国家的土地的供应、古董的供应不变，并且交易过程中，一个单位的购买对应另外一个单位的出售，有$\sum \Delta L_i \equiv 0$。这样就得到了实体部门资金来源和运用的加总：

由

$$\Delta DC_i + Y_i \equiv C_i + \Delta M0_i + \Delta D_i + \Delta B_i + \Delta L_i + \Delta PC_i + \Delta NFA_i \tag{4—1}$$

$$\sum \Delta B_i \equiv 0;\ \sum \Delta L_i \equiv 0$$

有 $$\Delta DC + Y \equiv C + \Delta M0 + \Delta D + \Delta PC + \Delta NFA \tag{4—2}$$

其次，我们引入金融体系资产负债表。

对于中央银行来说，其资金来源是现金的供应以及商业银行在央行的存款，资金的运用表现为央行的国内资产，包括对商业银行和实体部门的债权，以及国外净资产。对于商业银行来说，其资金来源包括从央行获得借款以及实体部门的存款，资金的运用表现为对实体部门的贷款，在中央银行的存款以及国外净资产。

我们将中央银行和商业银行的资产负债表合并。在加总的过程中，金融体系内部的债权债务关系同样可以相互抵消。这样，我们就得到整个金融部门的资金的来源和运用的加总，表达为式（4—3）：

$$\Delta M0 + \Delta D \equiv \Delta DC + \Delta FSNFA \tag{4—3}$$

（4—3）式中，$\Delta FSNFA$（Financial Sector NFA）是金融部门持有的国外净资产的变化。

将（4—3）式代入（4—2）式，我们可以得到公式（4—4）：

由 $$\Delta DC + Y \equiv C + \Delta M0 + \Delta D + \Delta PC + \Delta NFA \tag{4—2}$$

$$\Delta M0 + \Delta D = \Delta DC + \Delta FSNFA \tag{4—3}$$

有 $$Y \equiv C + \Delta PC + \Delta NFA + \Delta FSNFA \tag{4—4}$$

这就是说，一个国家的收入 Y，等于一个国家的消费 C、实物资本存量变化 ΔPC、实体部门国外净资产 ΔNFA 以及金融部门国外净资产 $\Delta FSNFA$ 几项之和。

进一步来看，实物资本存量的变化，比如机器、厂房以及存货增加，实际上对应支出法下的资本形成或者说投资，即

$$\Delta PC \equiv I \tag{4—5}$$

实体部门国外净资产 ΔNFA 以及金融部门国外净资产 $\Delta FSNFA$ 之

和，实际上就是一国持有的国外净资产的变化。

在国际收支平衡表中，一国的经常项目盈余 CAS，恒等于该国持有的国外净资产的变化，有

$$CAS \equiv \Delta NFA + \Delta FSNFA \tag{4—6}$$

将（4—5）和（4—6）代入（4—4），我们有

由 $$Y \equiv C + \Delta PC + \Delta NFA + \Delta FSNFA \tag{4—4}$$

$$\Delta PC \equiv I \tag{4—5}$$

$$CAS \equiv \Delta NFA + \Delta FSNFA \tag{4—6}$$

有 $$Y \equiv C + I + CAS \tag{4—7}$$

（4—7）式看起来很熟悉，就是国民生产总值 GNP 角度下，国民收入的核算恒等式。

通过对实体部门、金融部门资金来源和运用的加总，以及必要的会计转换，（4—1）式最终可以变换为宏观总量层面上的国民收入核算恒等式，这使得我们相信，（4—1）式所表达的实体部门代表性个体的资金来源和运用的约束关系，至少在会计上是正确和完备的。

资产配置的约束与优化

前一节我们讨论了资产重估理论中使用的会计恒等式，本节通过施加必要的工作假定，讨论这一恒等式的变化及其经济含义。

一、实体经济与金融市场同时决定的均衡

在上一章中，我们给出了实体部门代表性个体的资金来源和运用的约束关系：

$$\Delta DC_i + Y_i \equiv C_i + \Delta M0_i + \Delta D_i + \Delta B_i + \Delta L_i + \Delta PC_i + \Delta NFA_i \tag{4—1}$$

为了便于下文的分析，我们将（4—1）式中的各项变量作一个划分。Y_i、C_i、ΔPC_i（流入实物资本投资领域的资金量）及与此相关的（理论所隐含的）物价水平、就业水平等，都属于实体经济变量；ΔDC_i、

$\Delta M0_i$、ΔD_i、ΔB_i、ΔL_i、ΔNFA_i 以及与此相关的资金价格、资产价格等，可以理解为金融部门变量（尽管 ΔNFA 不全是金融资产）。

理论上，实体经济和金融部门所有变量的均衡值，都由其供求平衡决定；而其供求，既受到代表性个体的投资意愿、风险偏好的影响，同时也受到其他所有或者大部分经济变量的影响。这意味着，均衡状态下任何一个变量的取值，最终都需要由反映代表性个体的行为模式，以及经济变量之间相互关系的庞大方程组联立求解来共同决定，且来自个体偏好以及实体经济和金融部门的任何冲击，都将带来经济和金融变量均衡值的全面调整。我们可以将实体经济和金融市场的这种同时决定的均衡称为"广义均衡"。

以实物资本投资的上升对广义均衡的影响为例。

假如由于技术、预期、管制或者经济周期等原因，带来了实物资本投资意愿的上升和投资的增加，在实体经济的均衡过程中，经济体的通胀水平开始上升，就业人数增加，国民收入上升，消费支出增加。在一个开放的经济体中，我们也能够看到进口增速的上升。

在金融市场的均衡过程中，为了匹配项目建设所需的资金，企业除了利用自有资金外，还会考虑增加外部融资，例如通过增加从银行的贷款，增加从股票市场、债券市场以及海外市场的融资，卖掉此前持有的股票、债券、房地产或者海外资产等方式增加资金供应，这会造成金融市场几乎所有变量的调整。

然而，这样一种冲击因素导致实体经济和金融市场共同决定的广义均衡，其求解颇为复杂。在本节中，我们首先分析一些简化的情形，这无疑需要一些假定。

理论分析的简化过程一般需要遵循两个原则：一是要使分析过程尽

可能地简单，这通常意味着需要考虑一些理论的极限情形；二是分析过程又不能太过简单和显然。一般来说，相对于分析的目的而言，分析过程必须要保留足够强的解释和预测能力。

二、资产重估理论初始阶段的工作假定

我们提出的第一个工作假定是：实体经济的调整具有粘性；相对而言，金融市场的调整和出清要更为迅速。

这一假定的合理性是明显的：金融市场的价格即时形成，可以随时对外部冲击、信息流动和供求变动作出反应；在实体经济领域，就业市场存在明显的价格粘性，在许多非标准化的产品和服务市场上，价格的调整也涉及许多隐性的成本，从而使得市场的出清比较缓慢。此外，实体经济领域的行为，从消费的变化到投资的实施，可能也存在一定的惯性。

这一假定的意义，在于当我们专注于金融市场的均衡（我们不妨称作“狭义均衡”）时，可以将实体经济的变量看作外生的和给定的，从而使得分析过程变得十分简便。对于实体经济的波动和均衡，以及金融市场调整对实体经济的反向影响等，我们在其他章节进行讨论。

在狭义均衡的背景下，具体到（4—1）式中，我们可以将 ΔPC_i、Y_i、C_i 以及其他隐含的实体经济相关变量，诸如通货膨胀、就业水平等视为外生给定。我们关心来自它们的冲击对金融市场均衡的影响。

我们提出的第二个工作假定是：一国经济的总供应曲线是垂直的。

第三个工作假定是：一国银行体系的国内信贷供应曲线是垂直的。

对于一般的理论情形，这两项供应曲线当然是向右上方倾斜的，这

意味着面对需求的上升，供应量（以及价格）会跟随上升。垂直的供应曲线意味着，在需求上升的条件下，供应量不作调整，只有价格在作出反应。

在实际中，例如当原油的生产和供应能力极度紧张的时候，需求冲击主要引起价格方面的反应，这是容易观察到的。但一般而言，容易看到这两项假定使得我们集中于分析理论的极限情形，这会使得分析的过程更加简便。

这些工作假定放松以后的情形，我们放在接下来的章节进行分析。

三、资产优化配置

基于前述假定，（4—1）式中的外生变量与内生变量逐渐地明晰。ΔDC_i、$Y_i - C_i$ 以及 ΔPC_i 属于外生变量；$\Delta M0_i$、ΔD_i、ΔB_i、ΔL_i 以及 ΔNFA_i 属于内生变量。代表性个体在各类金融资产，也就是各项内生变量之间的配置行为并不是随意的，而是需要在平衡风险和收益因素之后进行优化。

为了求得这一配置过程的优化解（以 * 标记），我们还需要一些操作层面的假定，比如微观个体的风险偏好函数、各类资产的收益和风险性质等。我们一般认为，一种具体类别资产的未来收益越高，或者风险程度越低，那么个体对其配置的数量也会越多。

依赖于这样的一系列操作假定，我们可以求得优化配置的结果。对操作假定进行一些数学性质的限制以后，可以使得这一结果是唯一的和确定的。

（4—1）式右边内生变量经过优化，即获得唯一解以后，我们将其表述为(4—8)式：

$$\Delta DC_i + Y_i - C_i \equiv \Delta M0_i^* + \Delta D_i^* + \Delta B_i^* + \Delta L_i^* + \Delta PC_i + \Delta NFA_i^* \quad (4\text{—}8)$$

在现实操作中，我们并不关心解的具体数值和解析形式，我们只需要知道存在唯一和确定的解，并且满足（4—8）式的约束就足够了。资产重估理论所关心的是，在面对经济体系中各项冲击时，个体在各类资产市场上配置的资金量调整的方向。这些冲击因素包括投资意愿波动、通货膨胀等实体经济冲击。实体经济冲击包括货币政策、金融监管、海外投资收益的波动等金融体系的冲击，以及个体行为模式和风险偏好层面的冲击等。

容易看到，前述分析假设个体的经济行为是理性的，具有追求效用最大化的动机，以及判断资产未来收益和风险的能力。在现实条件下，特别是在金融市场上，这样的假设是否可靠无疑令人怀疑。

实际上，我们更愿意相信，索罗斯所倡导的反射过程是对人类在金融市场上行为的更准确的描述。在那种情况下，个体认知世界的能力是有限的，其行为会影响观察的结果，而这一结果返回来又会影响个体对世界的认识。

在一些情况下，个体对世界的错误认识（由于一些其他因素的作用）产生了其所期望的结果，这一结果返回来使得个体进一步确信其以前的认识是正确的，从而形成认识的自我强化过程。这也许对金融市场上泡沫的形成提供了认知和决策的心理过程方面最准确的描述。

那么，我们又该如何看待基于理性经济人假设下的资产重估理论呢？我们认为，资产重估理论倾向于从资金流动和配置的角度看待金融市场，而非从个体的认知和决策的心理过程来处理问题，其恰当性基本地取决于，其提供的预测在多大程度上能够与现实观测相吻合。

如果说反射是金融市场泡沫兴起的心理基础，那么资金（许多时候是宽松的信贷环境）则是泡沫形成的物质基础。

此外，在我们的分析框架中，我们更多地从国内个体的资产配置行为出发。而在一个资本项目开放的国家，国外个人和机构投资者能够很容易地投资于国内的资产市场。

这样一种考虑的原因，部分是为了使得我们的模型更加专注和更加简单，部分在于我们的模型基于对中国经济的观察而构建。在中国的现实情况下，国内资本市场价格的变动，更主要地由国内实体部门代表性个体的资金配置决定，与国外投资者的关系并不紧密。

四、外部扰动与资产价格的变化

在（4—8）式的框架下，假如某项外生因素发生了变化，并且我们能够识别和判断其变化的方向，那么资产市场的价格变动方向是容易预测的。

例如，由于某些原因导致某一年居民对房地产资产的需求突然增加（这相当于外生因素导致房地产的未来收益出现上升），这对应于（4—8）式中 ΔL_i^* 的上升。在前述给出的假定下，由于等式约束的存在，容易看到，资金会流出债券和股票市场以及海外市场，并流入房地产市场，其结果是：在房地产价格上升的同时，股票、债券价格下跌，资本流入，汇率升值。

从现象上看，国外资金在流入，汇率在升值，但债券和股票市场反而在下跌，这似乎很令人费解。但是在（4—8）式的框架下，知道了外部冲击因素的来源和性质，全部资产市场的变化方向就很容易理解。

问题是，现实世界总是那样地复杂，众多外生扰动因素经常性地对资产市场造成冲击。在几项外生变量同时扰动时，我们如何把握资产市场的调整方向？这取决于它们对资产市场影响的合力的方向。

有些时候，合力的方向很容易把握；有些时候，合力的方向极难判断。尤其在资产市场价格趋势变化的拐点附近，偶然的扰动因素影响巨大，并且难以事前识别。

因此资产重估理论试图提供分析资产市场资金流动的总体框架，但其具体的应用过程依赖于对外生冲击的仔细和全面的把握。这需要对经济情况持续和紧密的跟踪，也需要其他一些理论来提供实体经济和政策变动方面的分析，以提供外生冲击的方向和性质，后者是产能周期和通货膨胀理论试图解决的问题。

那么，如果放松前述工作假定，资产重估理论是否继续成立？其预测在多大程度上能够与现实观测相吻合？这些是后续章节将要解决的问题。

资产配置优化过程的再讨论

上一节中，为了获得金融市场配置过程的优化解，我们提出了实体经济变量行为粘性、一国经济总供应曲线垂直、一国银行体系的国内信贷供应曲线垂直三个工作假定，以及其他一些操作层面的假定。其目的是在保留理论解释和预测能力的前提下，使得分析过程尽可能地简单。

本节中，我们放松这些工作假定，分别考虑封闭经济和开放经济两种情形下，实体经济与金融市场共同调整达到的均衡状态（即广义均衡的情形）。

一、封闭经济体

这一部分，我们保留垂直的总供应曲线和垂直的信贷供应曲线两个假定，放弃实体经济行为粘性假定，来看封闭经济情形下的广义均衡。

在封闭经济条件下，经常账户盈余（贸易盈余）为 0，实体经济国民收入核算恒等式简化为：

$$Y \equiv C + I \tag{4—9}$$

这时国外净资产项为零，实体部门代表性个体资金来源和运用约束关系简化为：

$$Y_i - C_i + \Delta DC_i = \Delta M0_i + \Delta D_i + \Delta B_i + \Delta L_i + \Delta PC_i \tag{4—10}$$

我们仍然以私人部门投资意愿上升造成实体经济和金融市场的调整为例来进行分析，并首先分析实体经济的均衡过程，如图 4—1 所示。

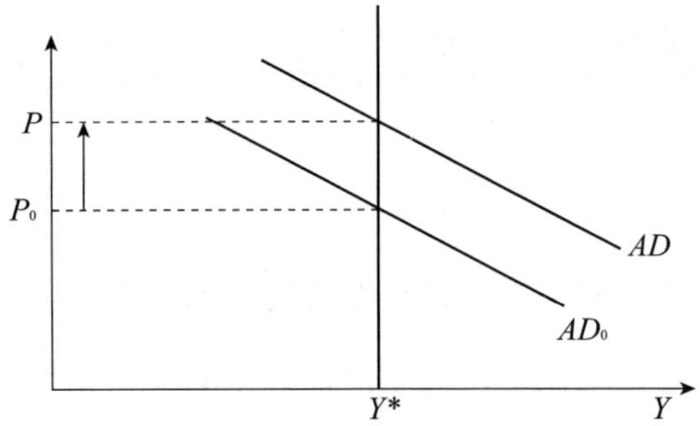

图 4—1　总供应曲线垂直背景下实体经济的均衡

进行简单的宏观经济分析我们容易知道，在这些限定下，最终均衡时实体经济各项变量的实际值不发生任何改变，唯一的变化是总体价格水平出现了上升。

考虑价格变化，将（4—10）式转化为名义变量。上一节在资金的来源和运用中没有标出价格指数，这是因为在实体经济行为粘性的假定下，金融市场的狭义均衡考虑的是价格指数不发生变化时的情形。在广义均衡下，我们不妨设定价格指数之前等于 1，之后上升到大于 1 的一个水平，标记为 p。给定实体经济已经处于均衡的约束，我们来考虑个体资产配置的优化过程所面临的问题：

$$pY_i - pC_i + \Delta DC_i = \Delta M0_i^* + \Delta D_i^* + \Delta B_i^* + \Delta L_i^* + pPC_i \quad (4—11)$$

在（4—11）式中，实体经济的各项变量由于已经处于均衡状态，可以看作外生变量，资产市场的变量需要优化，属于内生变量。

从表面上容易发现，由于经济名义总量的扩大，个体持有的交易性现金需求在增长，或者说持有现金的隐含收益在上升，因此其现金的最优配置数量将扩大。在（4—11）式约束下，这意味着资金流出银行存款（企业定期存款、居民储蓄存款 ΔD_i^* 项）、债券（股票）和房地产市场，这些市场价格（估值）水平下降。

更基本地看，由于个体资产配置的风险效用最大化行为，在优化解中持有任何一项资产，无论是现金、银行存款，还是债券、股票、房地产，或者是实物资本，其带给持有者的边际风险效用应该是相等的。

现金和实物资产边际效用的上升意味着，对于个体持有的债券、股票和房地产资产（ΔB_i^*、ΔL_i^*）而言，如果其未来的期望现金流不变化，或者不考虑这方面的变化，那么其边际风险效用也需要提高。这就需要其持有规模的下降来实现，也就是资金流出，价格下跌。

如果考虑期望现金流的变化，那么这里讨论的下跌，就演化为估值水平的下降，而未必是绝对价格水平的下降了。

容易看到，从方向上来看，无论是广义均衡还是狭义均衡，资产市场调整的方向是相同的。

从幅度上来看，短期内，投资意愿上升、实体经济层面尚未发生调整的时候，实物资本投资领域吸纳了大量的资金。随着实物资本投资的启动、产能的兴建与释放，流入实物资本领域的资金转化成了相应的实物资本投资和国民收入，国民收入的增长增加了代表性个体资金的供应，从而反过头来缓解了债券、股票以及房地产等市场资金流出的压力。从这个意义上讲，相对于实体经济和金融市场共同决定的均衡而言，狭义均衡下的金融市场经历了超调。

封闭经济体中，没有贸易盈余，也没有资本流动，但是投资意愿的上升（以及其他各类冲击）同样带来了资产价格的重估。这表明，贸易盈余的扩大或收窄，并不是资产价格重估过程的关键。贸易盈余在实际分析过程中的重要性，在于产能周期理论认为，贸易盈余的变化可以较好地反映实体经济内部冲击的来源和趋势。

二、开放经济体

这一部分，我们除了考虑实体经济变量的调整以外，还放松总供应曲线垂直和信贷供应曲线垂直两个工作假定，并加入对贸易盈余以及资本流动的分析，来看开放经济条件下实体经济与金融市场共同决定的均衡。

对一个开放经济体来说，其国民收入核算恒等式可以表达为：

$$Y \equiv C + I + CAS \tag{4—12}$$

不妨忽略经常项目盈余 CAS 中贸易盈余 NX 以外的部分（也可以假定它与国民收入 Y 或国外需求 X 之间保持稳定的比例关系），将上式简单表达为：

$$Y \equiv C + I + X - M \tag{4—13}$$

在开放经济的背景下，个体可以进行全球范围内的资产配置。资金来源和运用的约束关系表现为：

$$Y_i - C_i + \Delta DC_i = \Delta M0_i + \Delta D_i + \Delta B_i + \Delta L_i + \Delta PC_i + \Delta NFA_i \tag{4—14}$$

进行简单的宏观经济分析我们容易知道，如果投资需求出现上升，那么总需求曲线向右移动，国民总收入、通胀水平和进口规模都会上升，贸易盈余下降（见图 4—2）。

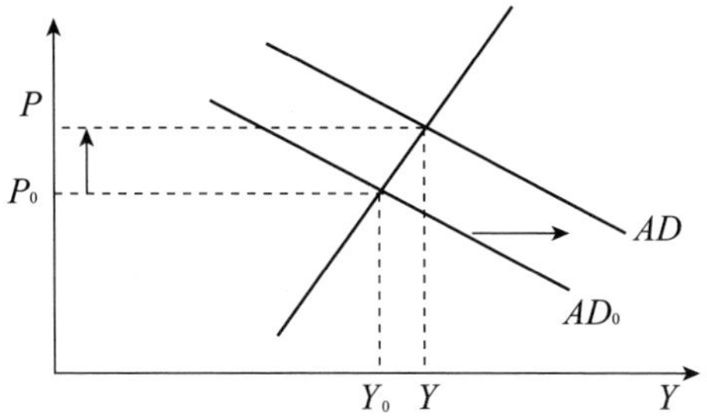

图 4—2　总供应曲线倾斜背景下实体经济的均衡

我们继续设定实体经济的价格水平从之前等于 1 上升到大于 1 的一个水平，标记为 p。实体经济变量的实际水平也出现上升，在标记时加了上撇号；同时由于这时银行体系的国内信贷供应也会发生变化，我们将其挪到等式的右边。假定实体经济已经处于均衡的约束，其各项变量名义数值外生不变，此时金融市场上个体面临资产配置的优化约束如下：

$$pY_i' - pC_i' = -\Delta DC_i^* + \Delta M0_i^* + \Delta D_i^* + \Delta B_i^* + \Delta L_i^* + p\Delta PC_i' + \Delta NFA_i' \tag{4—15}$$

我们考察金融市场变量的调整。由于进口规模的增长和贸易盈余的下降，在中央银行不干预外汇市场的情况下，个体国外净资产持有数量下降。考虑到国外净资产的风险和收益特征不变，此项的边际风险效用上升。名义经济总量的增长增加了现金的隐含收益率，因此现金的最优配置量增加，其边际风险效用提升。实物投资预期回报的提升显然也会提升此项的边际风险效用。

就银行存款、债券（股票）和房地产市场等资产类别而言，如果其风险收益特征不变，为了提升边际风险效用，必然面临资金流出和价格水平下降的压力。如果考虑到未来现金流预期的变化，实际上资产的估值中枢在下降。

ΔDC_i^* 项是个体对金融部门的负债，均衡时其带给个体的边际风险效用也应当提升。这意味着资金的流出。考虑到该项之前为负号，这相当于其实际数量增长，即信贷供应量需要提升。

这些过程当然可以通过更复杂的求解来进行，但考虑到最优状态时各项资产边际风险效用相等的特征，以及实体经济处于均衡状态的约束，资产市场变化的方向是容易识别的。

从上述分析中看到，这些结果与狭义均衡分析在方向上是一致的。

三、狭义均衡分析的有效性

广义均衡和狭义均衡下资产市场调整的幅度有差异，后者会存在超调，但是方向是一致的。现实操作中，我们主要关心资产市场资金配置的调整和价格变动的方向。这意味着，在实体经济行为粘性、垂直的总供应曲线以及垂直的信贷供应曲线三个工作假定下的狭义均衡模型，既符合我们所要求的理论应有的解释和预测能力，又使得理论分析的过程尽可能地简单。

需要强调的是，狭义均衡下假定实体经济行为的粘性，并不代表资产重估理论完全不关心实体经济的调整。恰恰相反，实体经济领域的冲击和调整，是资产重估理论在分析资产价格调整方向时的重要输入。关于实体经济领域的调整，实际上我们是放在产能周期理论中加以考察的。

从企业部门资产负债表看资产价格重估

中国资本市场的一些参与者对资产重估理论的基本想法和预测多少抱有兴趣，但通常认为它难以理解，并且与人们通常分析市场变化的思路很不一致，这也许与我们的表述习惯有一定关系。

我们尝试对一个代表性企业的资产负债表进行分析，从而解释资产重估理论的大体思路，这种表述似乎更符合市场参与者的思考习惯。

我们以简化的企业资产负债表的基本构成为基础，以其主要科目的主要决定因素为入手点，以对这些决定因素自下而上的加总为主要脉络，以中国资本市场的经验案例为对象，分析了在外生因素冲击导致通货膨胀预期上升或投资预期回报率提高的情况下，企业资产负债表的调整过程，及其与股票市场、国际资本流动和银行体系之间的相互作用。

一、引子

简单地看，我们可以将一家代表性企业的资产负债表分解为四个部分，即资产方的现金及其等价物，存货及固定资产，以及负债方的外部借款和权益。

企业最优的现金及其等价物持有规模显然不是随意的，而是受到诸多因素的影响，例如预期的未来交易规模，后者经过自下而上的加总后在宏观层面上可以对应着经济的名义总量。

这样，外部因素冲击导致的预期经济名义总量的上升，将会导致企业最优现金及其等价物持有规模的上升。这会迫使企业调整资产负债表，从而对存货及固定资产投资、银行借贷和权益市场等形成一系列压力。

影响企业存货及固定资产最优持有规模的因素，其变化对经济和市场产生影响的作用机理是类似的。

本节以这样的传导机理为基础，结合中国市场的经验，对这些过程进行了案例分析，以展示资产重估理论的基本思想。

二、企业部门资产负债表介绍

因为本节主要从企业部门资产负债表角度出发来讨论问题，所以我们首先观察一下企业部门资产负债表的构成，以作为讨论的基础。

从表 4—1 可以看到，企业部门的资产方由两个部分组成，分别是现金及其等价物和存货及固定资产；企业部门的负债方也是由两个部分组成：外部借款和所有者权益。

如果将企业部门加总，那么企业之间的借贷关系（各类应收应付账款等）将相互抵消，因此这里的表中略去了企业应收账款等科目。

为了简化表述，我们将在建工程并入存货及固定资产科目，有时候我们也简单地称之为固定资产。

表 4—1　　企业部门资产负债表（1）

资产方	负债方
现金及其等价物	外部借款
存货及固定资产	所有者权益

所以说，在负债方，企业主要通过权益和外部借款融入资金；在资产方，企业融入的资金用于两种用途：一种用途是用于固定资产的形成，另一种是用于现金及其等价物的形成。

那么接下来一个很自然的问题是：企业为什么要持有存货及固定资产或者现金及其等价物呢？它们合意的水平又是由什么因素来决定的呢？

1. 企业合意的存货及固定资产数量取决于投资的预期回报率

我们知道，企业持有存货及固定资产的目的是维持生产过程的连续进行，从而获得利润。所以企业合意的存货及固定资产数量取决于项目的预期回报率。

经过自下而上的加总，从宏观上看，企业投资意愿的强弱大体对应着贸易盈余的升降，这是因为投资的扩大会导致进口的上升，从而导致贸易盈余的减少，反之亦然。①

2. 企业合意的现金及其等价物数量主要与通货膨胀和经济增长等因素密切相关

企业部门持有现金及其等价物的目的是为了维持交易过程的连续进

① 这是简略的情形，实际的情况更复杂一些，这里不展开讨论。

行，所以企业合意的现金及其等价物数量取决于未来预期交易量的多少。经过自下而上的加总，从宏观上看，预期交易量对应着预期的名义经济总量，简单地说，就是经济增长加通货膨胀。

三、企业部门存货及固定资产投资变化与资产价格重估

（一）企业部门存货及固定资产投资意愿上升对资产价格变化影响的理论分析

在上一部分中，我们介绍了企业部门资产负债表的一些基本情况。那么，我们现在的问题是：如果企业预期回报上升，那么企业部门会如何调整自己的资产负债表呢？更进一步地，这样的调整又会给资产市场带来什么样的影响呢？

如表4—2所示，此时企业部门补存货及固定资产投资意愿上升（在该表中，该科目用实线框起来，后面的符号显示了其调整方向，下同），那么，我们将看到，在资产方企业会降低现金及其等价物的数量来满足存货及固定资产投资扩张的愿望；同时，在负债方，企业会努力扩大债权市场和股权市场的融资力度。那么，企业的这种行为会带来什么样的影响呢？

表4—2　企业部门资产负债表（2）

资产	负债
现金及其等价物－－	外部借款＋＋
存货及固定资产＋＋	所有者权益＋＋

容易知道，这些影响包括：

1. 在资产方，企业降低现金及其等价物的努力会带来企业部门流动资产比例的下降；

2. 在负债方，企业部门扩大在债权市场的融资规模会带来信贷需求的上升，以及信贷市场上加权贷款利率水平的上升。

3. 在负债方，企业部门扩大股权市场融资的努力会带来股票供应的上升，以及股票市场估值中枢的下降；

4. 在一个开放的经济体中，企业还会尝试从国外部门融入资金，这会导致资本流入的放大。

（二）企业部门存货及固定资产投资意愿上升的经验案例

实际上，2002—2004 年的经济运行提供了一个很好的案例。自 2002 年下半年开始，中国新一轮经济周期开始启动，企业部门预期回报率大幅度提高。我们把这一变化产生的诸多影响总结在下面几幅图中。

企业在债权市场上融入资金的数量越来越大，表现为当时贷款的增长率快速爬升，在当时达到了最高 23％的水平（见图 4—3）。

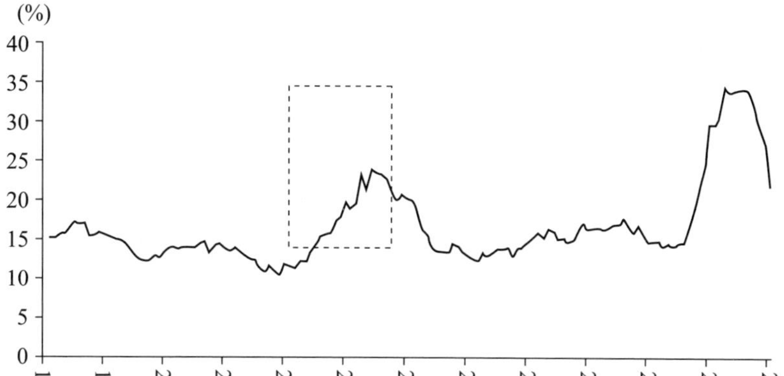

图 4—3　贷款余额的同比增长

资料来源：CEIC，安信证券。

在中国国际收支平衡表上，2002—2004 年企业从国外经济体系中融入资本的数量也越来越多，并在 2004 年达到了顶点（见图 4—4）。

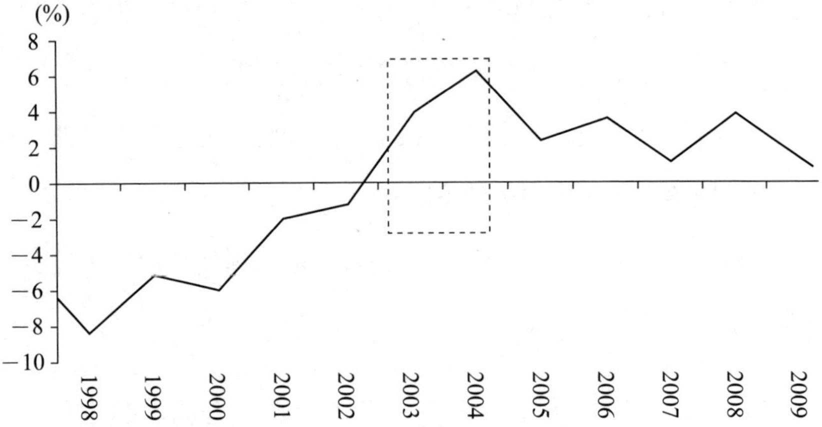

图 4—4　中国的资本流动占名义 GDP 比例

说明：此处资本流入＝外汇储备增加－贸易盈余－外商直接投资。

资料来源：CEIC，安信证券。

那段时期股票市场估值中枢的下降是很清楚的，在前面也有讨论，这里不再重复。

（三）一个小问题：企业部门股权融资的扩大一定会带来股票市场的下跌吗?

需要讨论的是：企业部门在股权市场的融资规模扩大是否一定会带来股票市场的下跌?

实际上，如果我们集中在股权市场上来看问题，可以看到，在经济周期上升的背景下，由于企业在股权市场上融入资金的需求数量越来越大，所以权益市场估值中枢会系统性地下降，但经济周期的上升也会带来企业盈利能力的快速提升。

所以在这一背景下，股票市场同时受到了两种相反力量的影响，一个力量是市场估值中枢在下降，压制着市场的上涨；另外一个是企业盈利能力快速提升，推动着市场的上升。

这两种相反力量的影响在市场上产生了一系列的结果。第一个结果是，市场的指数总体上被约束在一个比较窄的箱体范围内波动。第二个结果是，市场估值中枢大幅下降的同时，投资风格变化很大，很多题材股价格的下降速度非常惊人，但是有强劲利润支撑的股票价格相当坚挺。

四、企业部门现金及其等价物需求变化与资产价格重估

（一）现金及其等价物需求上升对资产市场影响的理论分析

如果因为某些原因，假设企业预期到未来一段时间交易总量将要上升，那么企业合意的现金及其等价物需求上升，这时企业必须相应地调整资产负债表。那么，企业部门会有什么办法呢？正如我们在前一部分中分析的那样，企业部门至少有以下几种办法，如表4—3所示。

表4—3　企业部门资产负债表（3）

资产	负债
现金及其等价物＋＋	外部借款＋＋
存货及固定资产－－	所有者权益＋＋

这就是说：企业会

1. 在资产方削减存货及固定资产，降低固定资本形成速度来节约现金。实际上，宏观调控和银行信贷控制之所以能够影响经济，重要的传

导渠道就是迫使企业采取该种方法来节约资金。

2. 用更高的利率来融入资金（这可以包括民间融资、股票减持、股权融资、银行借款等各种途径）。此时，各类资产市场的估值中枢面临系统性下沉的压力。

3. 增大在境外市场的融资力度，从而带来资本流入的不断上升。

（二）企业部门现金及其等价物需求上升的经验案例

2008 年上半年的经济和市场情况提供了一个很好的案例。2007 年底至 2008 年上半年，虽然中国经济实际增速节节下降，但由于国际大宗商品涨价和通货膨胀高企，中国经济的名义增速不断爬升，企业部门的预期交易量明显扩张。这时，企业部门对现金及其等价物的需求出现了很明显的上升。

根据前述理论分析，我们会知道这在股票市场、国际资本流动，以及存货及固定资产投资方面都会产生影响，那么具体情况到底如何？这方面的经验证据我们总结在下面的图中。

证据一：2008 年上半年企业部门整体投资意愿比较弱。

从中国固定资本形成总额的实际增速来看，2007—2008 年年均增速在 14%附近，处于 2003 年以来一轮经济中期的低点，较 2003 年的高点降低了近 6 个百分点（见图 4—5 和图 4—6）。

证据二：2008 年上半年中国出现了大量的难以解释的资本流入。

其中，2008 年 1 月单月热钱流入规模超过了 4 000 亿元人民币，整个 2008 年上半年热钱流入规模接近 1.4 万亿，这样大的热钱数量是历史上非常罕见的（见图 4—7）。

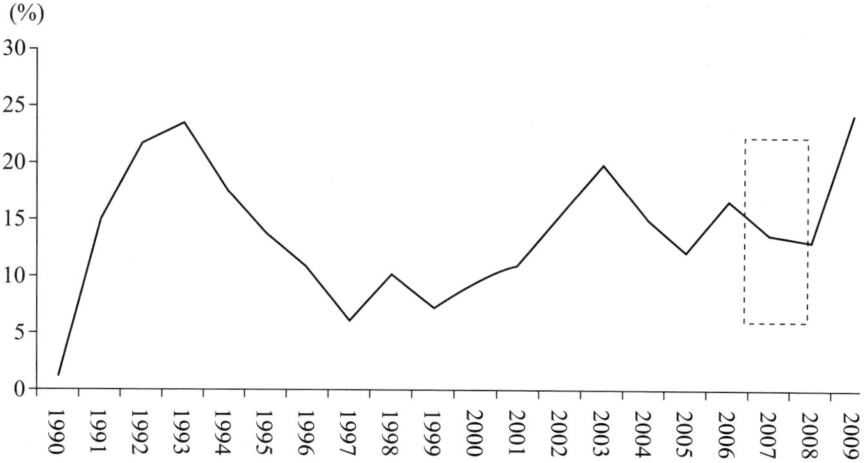

图 4—5 中国固定资本形成总额的实际增速

资料来源：CEIC，安信证券。

图 4—6 固定资产投资单月增速

资料来源：CEIC，安信证券。

2008 年上半年股票市场受到的压力是无须回顾的。

这一作用过程发生影响的情况在历史上也出现过多次。2009 年上半年短暂的通货紧缩局面是这一过程倒过来展开的情形。当然，这其中还

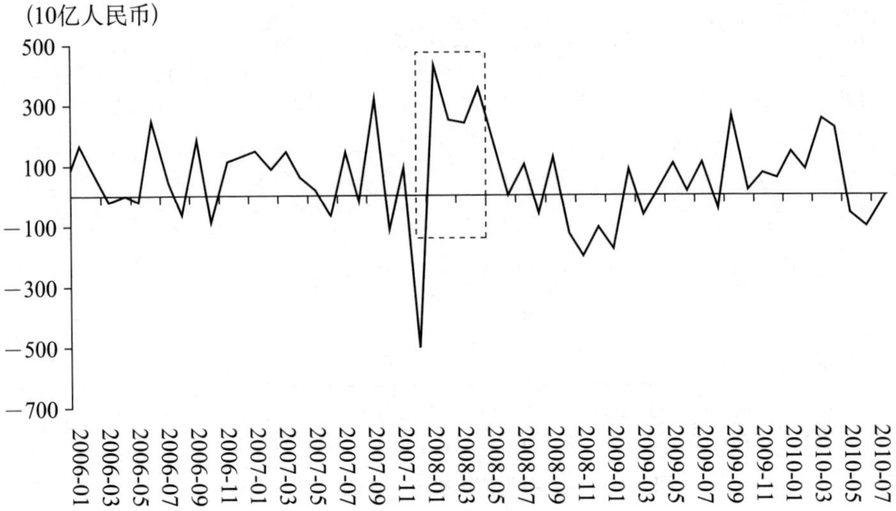

图 4—7　中国月度资本流动

资料来源：CEIC，安信证券。

有银行信贷的原因，这里不详加讨论。

相似地，我们还可以分析银行对外借款科目变化的情况及其影响。由于机理相似，此处亦不展开讨论。

总供应扩张的案例

在本书前面的讨论中，我们曾经以基于国际收支的供求分析为基础，指出在2005—2007年期间，影响中国经济最重要的变化是总供应曲线的扩张。本节以此结论为前提，以资产重估理论为框架，分析这一过程在金融市场上的影响，并与经验证据进行比对，来验证理论的预测能力。

一、资产重估理论的预测和验证过程

在本书前面的讨论中，我们指出在2005—2007年间，宏观经济的重要特征是总供应的释放和扩张。

这一变化形成了三个相互关联的影响：一是企业投资意愿下降；二是通货膨胀受到抑制；三是货币政策的立场至少可以维持在中性的水平。这些变化构成了资产重估理论等式的外生变量。

我们将资产重估等式略作变形为式（4—16），等式左边代表实体经济的变化，而右边代表剩余资金可以配置的其他资产。

$$Y_i - C_i - \Delta PC_i = -\Delta DC_i + \Delta M0_i^* + \Delta D_i^* + \Delta \mathrm{B}_i^* + \Delta L_i^* + \Delta NFA_i^* \quad (4—16)$$

实体经济领域的变化意味着：等式左边的 Y_i 是上升的，我们认为消费 C_i 是由收入所决定的，收入上升将推动储蓄（$Y_i - C_i$）的增加；同时，实物资本投资意愿 ΔPC_i 是下降的，因此上式左边的量合并起来是上升的。

由于通胀维持低位，货币政策立场至少是中性的，考虑到资产重估理论的假设，我们可以简单地认为 ΔDC_i 是不变的。

如果各类资产所隐含的未来现金流大体不变，给定前述变化，我们从资产重估等式可以立即知道：在这种情况下，包括股票、债券、房地产和另类资产在内的资产价格应该出现广泛和普遍的上涨，同时私人部门自愿的资本流出数量会明显增加。

需要指出的是，假设债券、房地产、境外资产和纪念币等另类资产所隐含的未来现金流大体不变，至少没有受到我们所讨论的实体经济领域变化的显著影响，这大体应该是可以接受的。

对于股票市场而言，实体经济的变化显然影响着公司的未来收益和市场预期，因此这一假设过于牵强。对此我们的考虑和做法是，将股票市场的估值与盈利分离开来，认为上市公司盈利受到了实体经济周期变化和供求波动的显著影响，需要单独的预测和分析，但其剔除盈利以后的估值波动在很大程度上可以被前述过程来解释。

我们同意这样的看法，即盈利预期本身以及市场的制度改进会影响市场的估值水平，例如持续和强劲的盈利增长会带来更高的估值，这一过程与我们前述讨论可以完全没有联系。

但我们同时想强调的是，这种预期改善所带来的估值提升作用不大可能在债券、房地产和资本流动等领域同时出现和发生。这为我们区分估值提升背后的力量提供了排他性的观察视角。

换句话说，如果资本市场估值水平的抬升，既可以解释为经济周期强劲上升形成的乐观盈利预期，也可以解释为总供应扩张所带来的流动性充裕，那么通过观察其他资产市场的变化，尽管我们无法排除周期因素的影响，但却可以确认和断定前述讨论的资产重估过程的影响。

从经验证据的角度看，在现实生活中，任何一个单独的资产类别都要受到众多因素的影响，这些因素之间并不完全重叠。如果影响不同类别资产价格的因素是彼此独立和随机的，那么我们应该预期大类资产价格的涨跌模式也是随机的；如果前述的资产重估过程发生并同时作用于所有资产类别，那么我们可以预期大多数资产类别都会出现价格上涨，尽管也存在这样的可能性，即个别资产受到局部更强烈的负面因素的抑制，出现下跌。

从统计的角度看，大多数资产类别出现上涨也可能是一种随机现象，但在这种情况下，其概率是可以大体推定的。这意味着，通过观察经验数据，在原则上我们可以获得资产重估预测得以成立的统计显著性水平。

下面我们来验证资产重估理论的预测。

二、2005—2007 年的大类资产价格

2005—2007 年上证综指的整体市盈率从 15 倍上升到惊人的 70 倍（见图 4—8）。除了主板蓝筹估值上升以外，中小板的整体市盈率也经历

了明显的上扬（见图 4—9）。国债市场上，十年期国债收益率从 5.0%下降至最低的 2.9%（见图 4—10）。在房地产市场上，2006 年之后房屋价格加速上涨的局面相当清楚（见图 4—11）。在收藏品市场情况也是如此，例如这期间彩金币、邮票等另类资产也出现了比较明显的上涨（见图 4—12）。

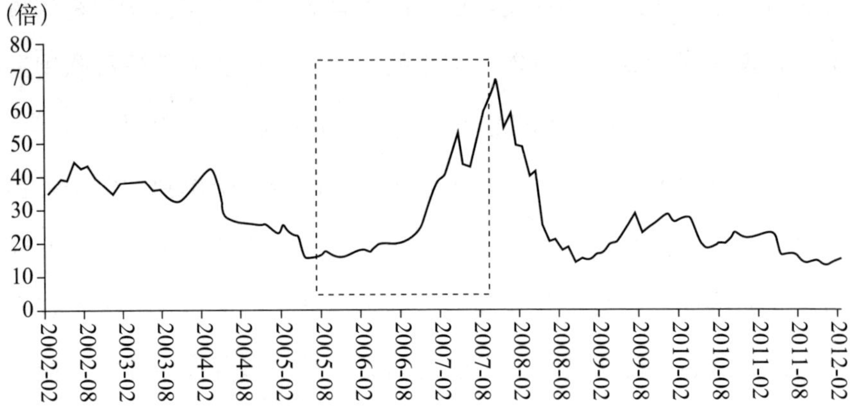

图 4—8　上证 A 股平均市盈率

资料来源：Wind，安信证券。

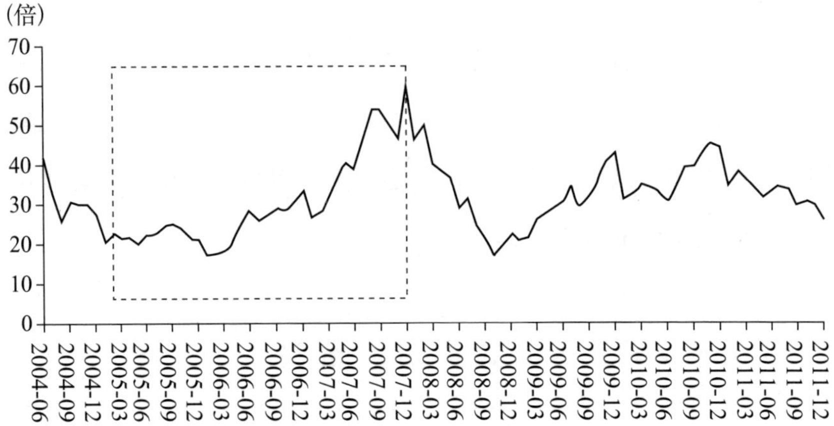

图 4—9　中小企业板平均市盈率

资料来源：Wind，安信证券。

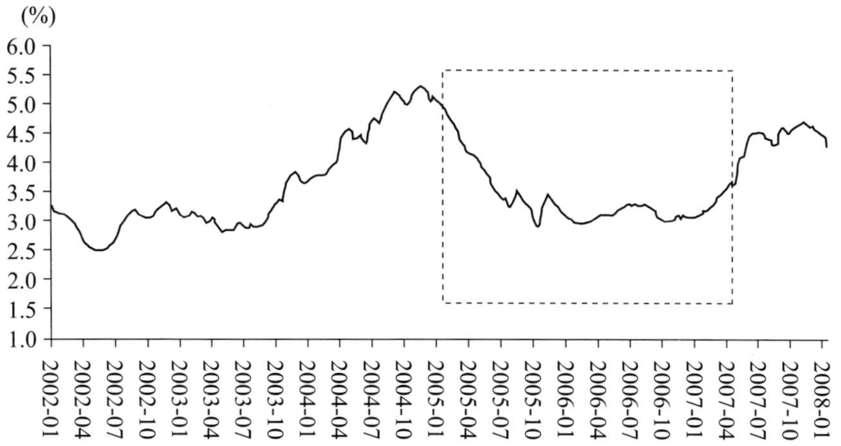

图 4—10　十年期国债收益率

资料来源：Wind，安信证券。

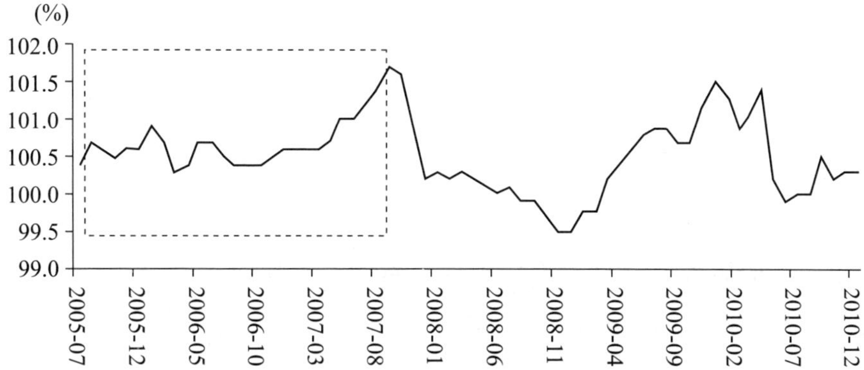

图 4—11　70 大中城市新建住宅销售价格月环比

资料来源：CEIC，安信证券。

图 4—12 彩金币价格

资料来源：中国集币在线，安信证券。

三、2005—2007 年期间的私人资本流动

中国的私人部门资本流入（定义为外汇储备增长与贸易盈余之间的差值）占 GDP 的比例在 2004 年以后从占 GDP 大约 9%的水平下降至 4%左右的均值（见图 4—13）。在中国经济高速增长、美元贬值、人民币持续升值和境内各类人民币资产价格大幅上涨的背景下，资本流出压力的显著上升是令人疑惑的。然而，正如前述讨论所显示的那样，在总供应扩张的背景下，资本流出增加是资产重估理论的一个自然推论。

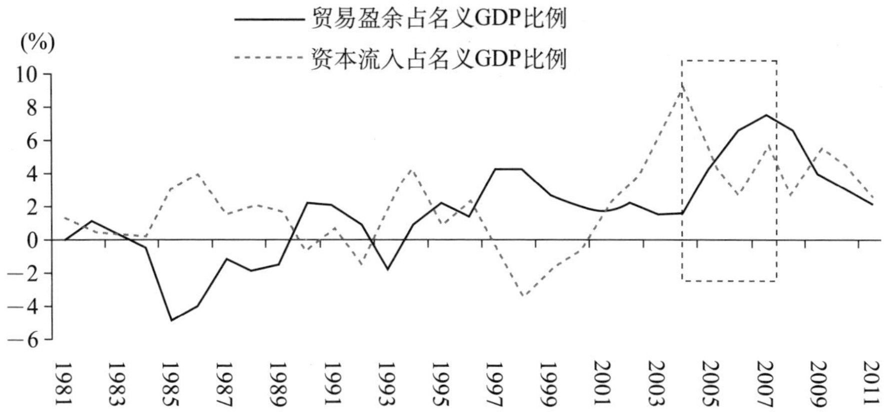

图 4—13　贸易盈余与资本流入

说明：资本流入＝外汇储备增加－贸易盈余。

资料来源：CEIC，安信证券。

四、信贷利率与期限利差

从实体经济微观个体的角度看，我们可以将其持有的对银行的贷款看作一种负的资产。这样，在总供应扩张的背景下，这类资产持有意愿的上升实际上意味着贷款需求的下降。

正如图 4—14 所显示的那样，这可能部分地解释了 2005－2007 年期间在加息和信贷增速上升不大的情况下，信贷市场加权利率稳中有降，以及其相对法定利率的差距趋势走低的事实。

在广泛的利率下降的背景下，中央银行通过央票等政策对冲手段对短端利率进行了大力度的干预，其结果是短端债券供应的显著增加和利率的上升。广泛的利率下降与短端利率的上升相结合，形成了这一时期期限利差收窄和收益率曲线平坦化的事实。在国债和信用债市场上，这

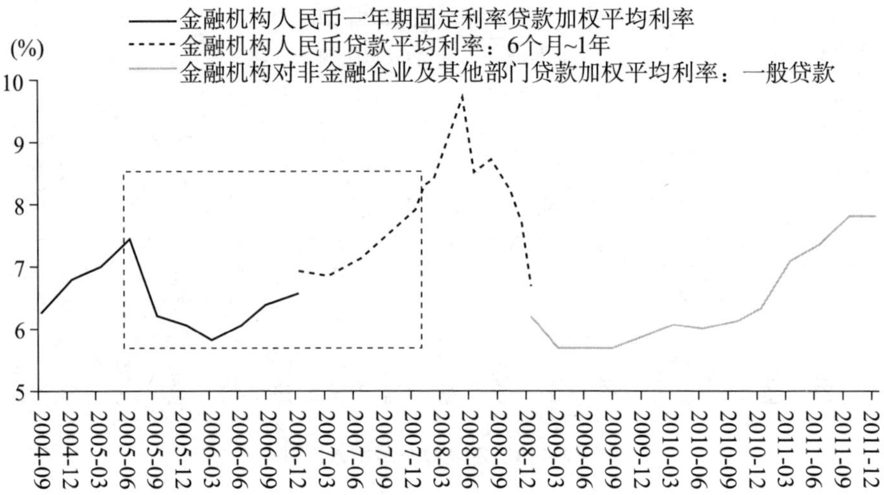

图 4—14　信贷利率

资料来源：中国人民银行，Wind，安信证券。

段时间都出现了显著的期限利差收窄（见图 4—15 和图 4—16）。

图 4—15　国债期限利差（十年期—一年期）

说明：期限利差取十年期国债和一年期国债的利差。

资料来源：Wind，安信证券。

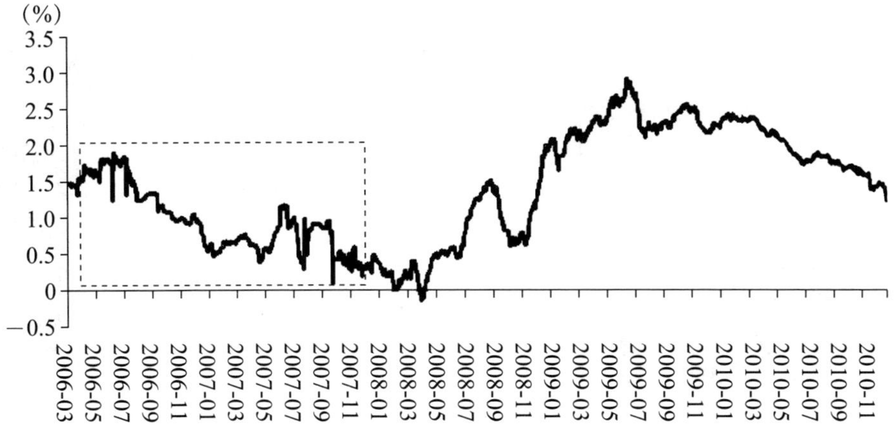

图 4—16　企业债的期限利差

说明：期限利差取十年期 AAA 企业债和一年期 AAA 企业债的利差。

资料来源：CEIC，安信证券。

第五章
综合运用

■ 1995—1998 年，总体来看，上证 A 股指数上涨了 1 倍。如果计算上市公司的 ROE，1996—1998 年上半年盈利表现平稳，但较 1995 年有不小的滑落。这意味着，期间指数的上升主要来源于估值的推动。事实情况是，上证 A 股滚动市盈率从 1996 年初的 20 倍上升至 1997—1998 年的 40 倍。股票市场估值的抬升，大体上符合资产重估理论的预测。

货币政策扩张的案例

本节以 2009 年初到 2010 年中中国经济和市场变化的案例为基础，兼顾日本和我国台湾地区 80 年代后期的市场案例，讨论货币政策扩张在资产市场上形成的影响，并与经验证据进行比对。

一、总需求收缩与货币政策扩张

众所周知，由于 2008 年全球金融海啸的影响，2009 年初前后中国经济出现过异常严重的总需求收缩，其影响大约一直持续到 2010 年三季度。

在这段时期内，全球经济的急速下降（后来恢复）、中国需求的收缩（以及后来率先扩张）以及总供应增长放缓同时发生，使得通过贸易盈余变化来识别内外冲击不易操作。

一个替代的方法是比对贸易和不可贸易两部门的通货膨胀（见图5—1和图5—2），并与经济增速合并起来看（见图5—3）。

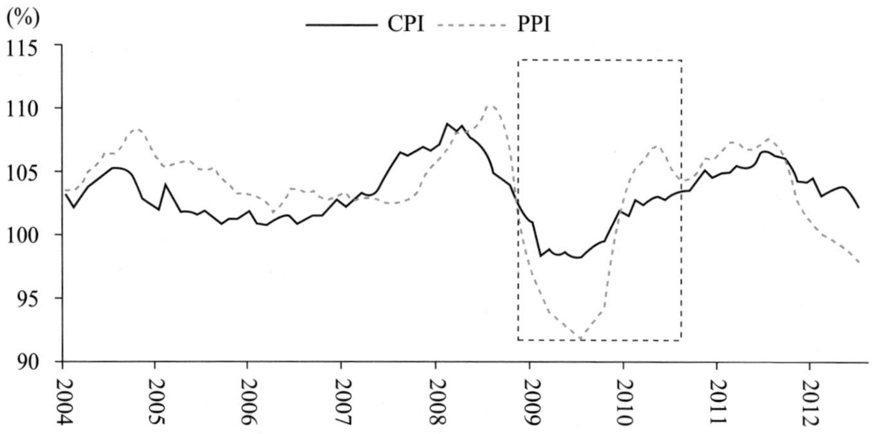

图5—1　CPI与PPI（月度）

资料来源：CEIC，安信证券。

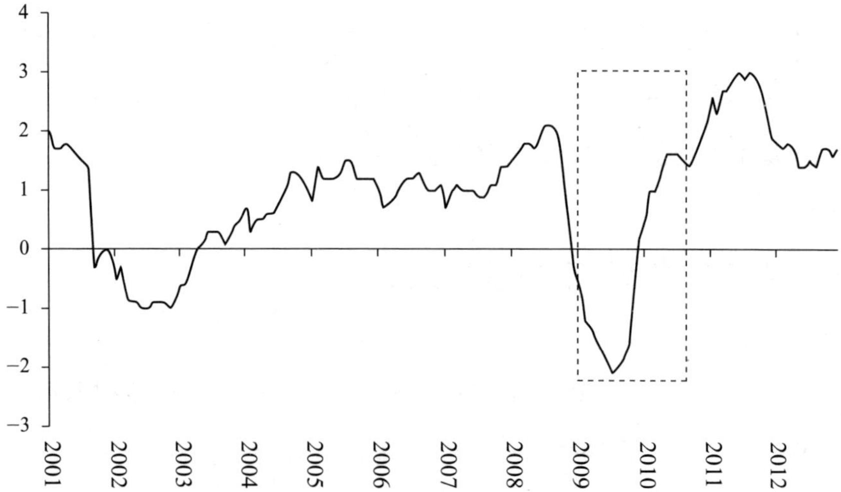

图5—2　CPI非食品当月同比

资料来源：CEIC，安信证券。

合并这段时期经济增速和通货膨胀数据，容易看到2009年上半年总需求急剧萎缩，以及后期总需求开始恢复，通货紧缩开始消退的情况。

图 5—3　GDP 增速

资料来源：CEIC，安信证券。

总需求的显著收缩和通货紧缩压力的显现导致货币政策出现转向，信贷供应开始明显扩张。在以下的公式中：

$$Y_i - C_i - \Delta PC_i + \Delta DC_i = \Delta M0_i^* + \Delta D_i{}^* + \Delta B_i^* + \Delta L_i^* + \Delta NFA_i^* \tag{5—1}$$

这意味着外生变量 ΔPC_i 下滑（国内需求收缩）[①]，同时 ΔDC_i 扩大。

容易看到，与总供应扩张的影响类似，公式右边的各类资产市场面临估值上升的压力，资本出现外流。

二、2009 年初到 2010 年中货币政策与资产价格的经验证据

下图 5—4 和 5—5 显示了这期间信贷供应的显著增长，以及信贷市

① 这里没有单独考虑国外需求收缩的情况。在理论上，如果单独发生了国外需求的收缩，那么价格下降和贸易盈余下降、经济减速会同时发生，资产重估等式没有明显地处理这一情况。实际上，这相当于国外净资产项由于实体经济的冲击导致发生强制变化，从而影响了其他项的配置；这还会影响经济对交易性的现金需求。

场上利率水平的快速下降，表明这一时期货币政策转向显著扩张的方向。

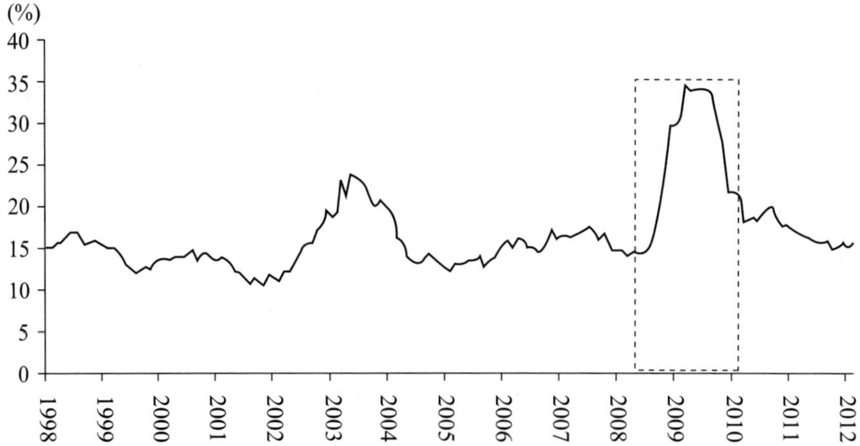

图 5—4　贷款余额同比增速（月度）

资料来源：CEIC，安信证券。

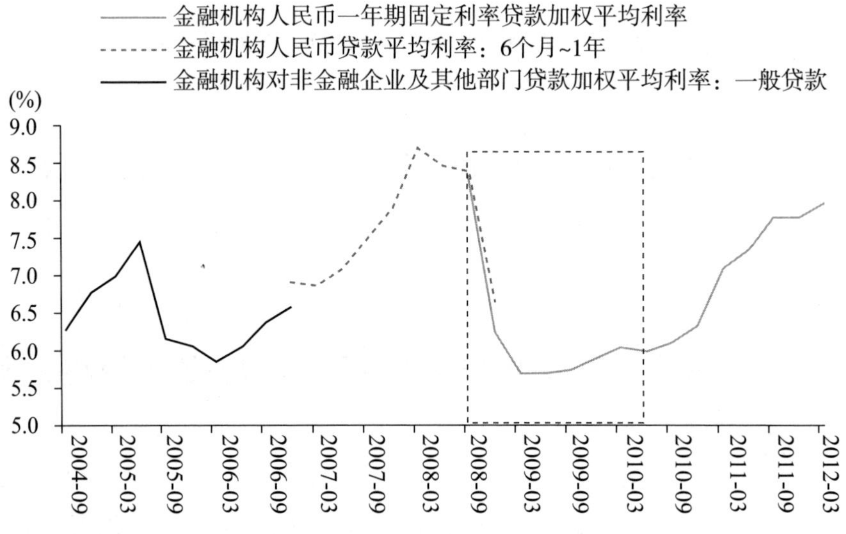

图 5—5　贷款利率

资料来源：Wind，中国人民银行，安信证券。

值得讨论的是，2009 年 11 月以后，信贷增速开始从异常高的水平开始回落，同期信贷市场的利率维持在底部水平。由于这期间经济活动已经开始恢复，信贷需求出现增长，因此我们可以知道这时信贷供应的扩张仍然处在相对主导的地位，否则信贷需求的恢复将会导致利率水平的明显上升。

换句话说，在信贷增速上升和信贷市场利率下降的情况下，我们很容易断定货币政策在执行过程中处于扩张状态。如果信贷增速下降伴随信贷市场利率上升，显然货币政策在收紧。

麻烦在于：信贷增速的下降伴随利率水平的下降。这既可能是由于货币政策仍然处在相对扩张的状态，也可能是由于信贷需求的下降，两者之间不容易作出区分。

就 2009 年 11 月到 2010 年中的情况而言，由于我们大体可以断定经济恢复和信贷需求正在上升，货币政策处在扩张状态仍然是可以识别的。

图 5—6 显示了这段时期十年期国债收益率的显著下降。值得提出的是，国债收益率的猛烈下降集中在这段时期的早期，最晚在 2009 年中以后。这一利率尽管仍然处在相当低的历史水平，但较前期已经出现一定程度的上升。

关键的原因在于货币政策的传导过程：中国货币政策扩张的操作首先表现为存款准备金率的下降和公开市场操作的转向，这导致银行间市场资金异常充裕，国债收益率大幅度下降；随着商业银行的资产负债表开始调整，信贷投放扩大，银行间市场的资金开始收紧，利率水平出现上升。

下图 5—7 和 5—8 显示了这段时期沪深 300 和中小板市场的市盈率变化，容易看到在这两个市场上估值中枢的明显抬升。中小板市场估值中枢抬升的时间持续得更久一些，并且差不多达到 2007 年高点时的水平。

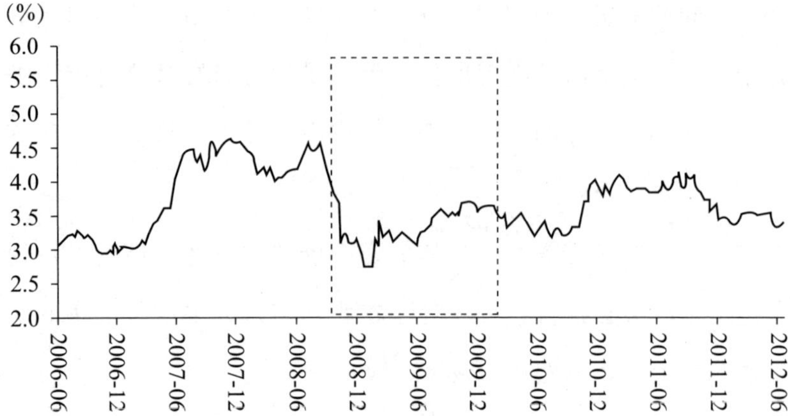

图 5—6　十年期国债收益率（日）

资料来源：Wind，安信证券。

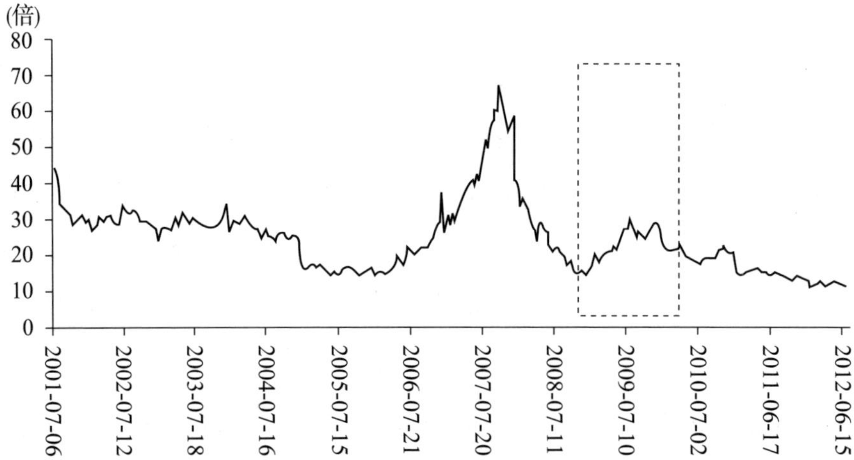

图 5—7　沪深 300 市盈率

资料来源：Wind，安信证券。

对于股票市场的情况而言，特别值得提出讨论的是：正如我们已经看到和将要看到的那样，2009 年以后大多数资产类别的重估幅度与 2006—2007 年相比，有过之而无不及，但以沪深 300 为代表的主板市场的回升相当温和，幅度甚至不足 2007 年的一半，这无疑是需要深入思考的。

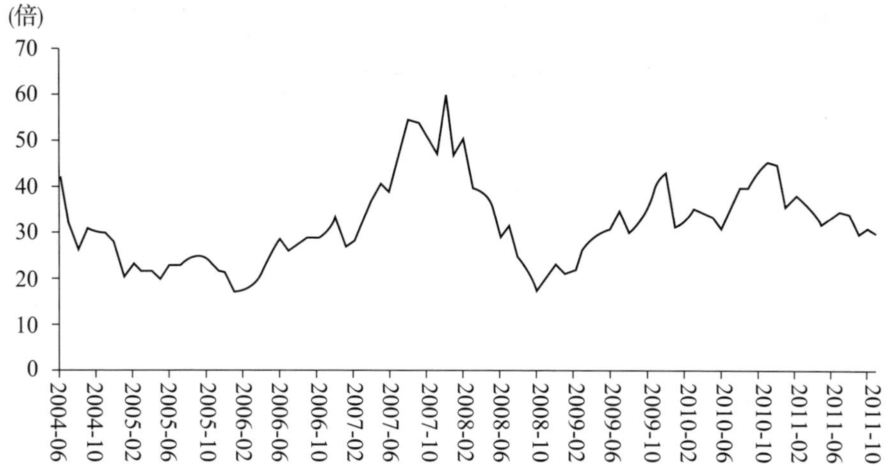

图 5—8　中小板平均市盈率（月度）

资料来源：Wind，安信证券。

从基础的资产的定价理论看，资产的价格基本地取决于利率、风险偏好和未来现金流。其中，利率和风险偏好对于不同资产而言是相似的，但未来现金流及其波动存在显著的差异。例如，纪念币的未来观赏价值与钢铁公司未来的盈利显然是相当不同的。

事后来看，一个合理的解释也许是：2009 年之后沪深 300 主板市场的参与者与 2007 年相比，对上市公司未来现金流（盈利）的预期发生了重大和系统性的不利变化。

预期的改变可能受到经济周期所处阶段的影响。在一轮产能周期的后端，一方面传统行业普遍地产能过剩，新的产业群的出现尚需时日，企业盈利回升空间不大。尽管总需求管理能够带来盈利的阶段性改善，但难以改变实体经济供应面调整的基本格局。另一方面，周期的末端往往伴随着各种各样的遗留问题。90 年代末期最显著的遗留问题是银行体系大量坏账，本轮周期遗留的非常显著的问题是房地产泡沫、地方政府融资平台债务。对正在出现的房地产泡沫的警惕、对房地产调控政策的持续预期、对地方政府融资平台债务及其对银行资本侵蚀的担心等等，可能也是影响市场参与者盈利预期、压制主板市场估值中枢的重要原因。

图 5—9 显示了 2005 年到 2010 年大中城市房地产价格的情况，房价出现猛烈上涨的趋势是异常清楚的，并且在大多数地区这段时期房价的累计涨幅都超过了 2006—2007 年期间的水平。

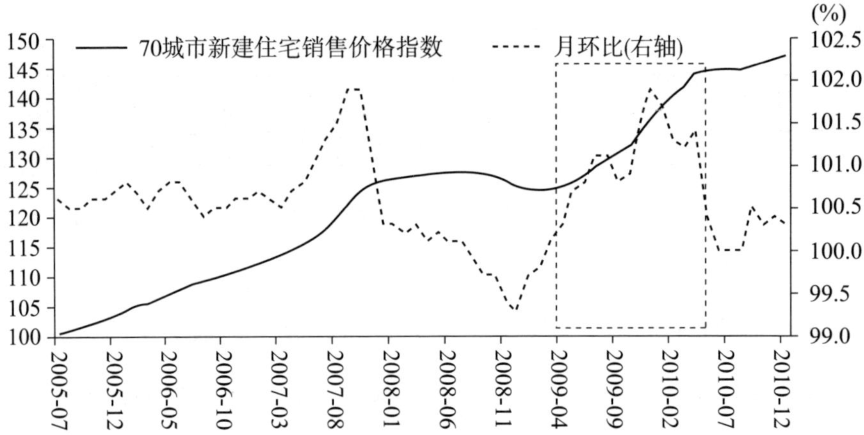

图 5—9　70 城市新建住宅销售价格指数与月度环比

资料来源：CEIC，安信证券。

图 5—10 显示了 2004—2012 年另类资产市场的价格变动趋势，与房地产市场相似，2009 年之后彩金币价格的猛烈上升使得其在 2007 年经历的上涨显得相当逊色。

图 5—11 显示了 2005 年到 2012 年资本流动方面的变化。总体上说，在这段时期内，受金融海啸影响，美元汇率出现大幅度波动，全球资本流动受到显著影响（见图 5—12）。

这具体表现为：在 2008 年 9 月到 2009 年 5 月，由于严重的金融恐慌和避险情绪，全球资本大量流向美国，美元汇率急速升值；2009 年 6 月以后，恐慌退潮，美元汇率开始贬值，资本回流新兴市场。

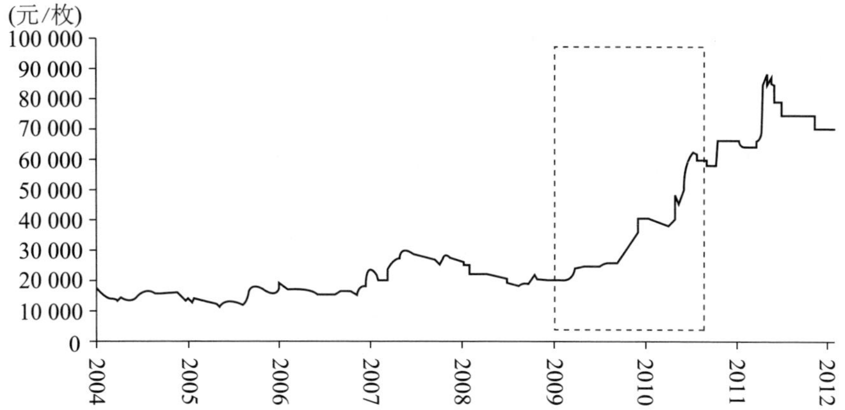

图 5—10　彩金币"贵妃醉酒"(日)

资料来源：Wind，安信证券。

对于这一时期国际金融格局的剧烈变化，中国显然无法置身事外。因此 2009 年 5 月之前中国资本流出的显著增长既可以解释为货币政策扩张的影响，也可以解释为金融恐慌和美元升值的影响，实际情况也许是两者的叠加；2009 年 6 月之后资本流出的减少看起来大部分可以归因于美元的重新贬值。

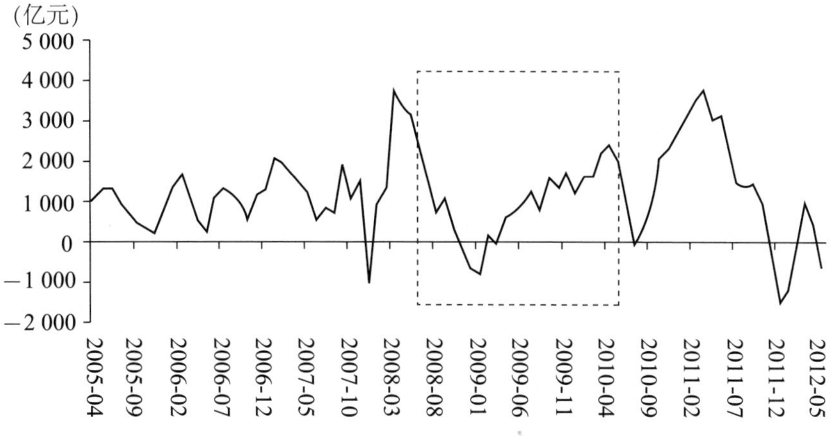

图 5—11　资本流入规模（3 个月移动平均）

资料来源：Wind，安信证券。

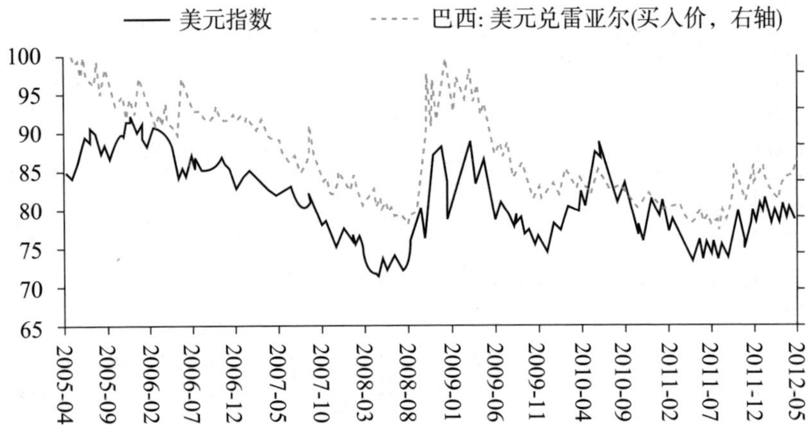

图 5—12　美元指数及巴西汇率（美元/雷亚尔，日）

资料来源：Wind，安信证券。

三、汇率升值与货币政策扩张：日本和中国台湾在 1987—1990 年的证据

在前面的讨论中我们知道，如果其他因素不变，货币政策转向扩张并推动信贷投放扩大，会在资产市场形成重估压力。现实条件下，其他因素可能都在变化，这些变化既形成了货币政策调整的原因，也掩盖了货币政策扩张在资产市场的影响。

为了更清楚地显示货币政策扩张的影响，我们需要研究一些极限条件下的案例。2008 年底的金融海啸提供了这样的案例，另外，日本和中国台湾在 80 年代后期的经历很大程度上有相似性。

根据 1985 年《广场协议》的要求，日元对美元汇率出现大幅度升值；随后在 1987 年，根据《卢浮宫协议》的要求，为缓和美元贬值、日元升值影响并扩张全球总需求，日本银行采取了激进的扩张政策。

在这前后，日本还推进了利率自由化改革，这导致了大企业转向债券市场筹资和商业银行利差的收缩，迫使银行通过信贷投放的扩大来弥补因客户流失和利差收窄带来的损失。

其后果是货币政策扩张与利率自由化影响的叠加，这导致了日本信贷投放的显著扩大（见图 5—13）、信贷市场利率的下降（见图 5—14）、股票和房地产市场的猛烈上涨（见图 5—15 和图 5—16），以及后期资本流出和日元的阶段性贬值（见图 5—17），这些变化与前述理论的预测基本吻合。

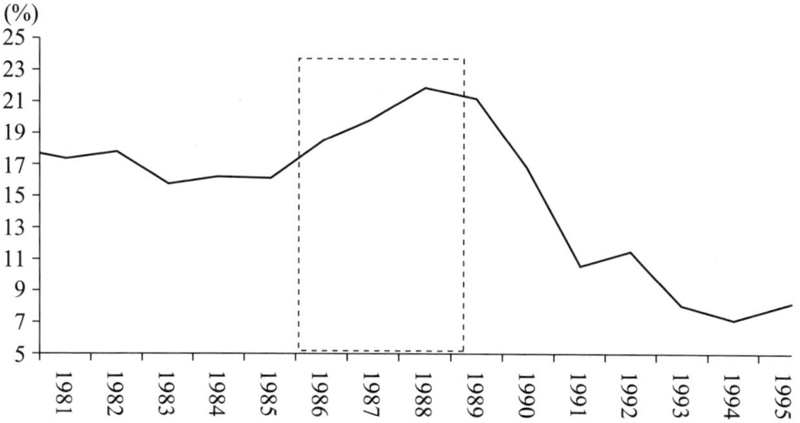

图 5—13 日本银行体系新增国内资产/名义 GDP

资料来源：WB，安信证券。

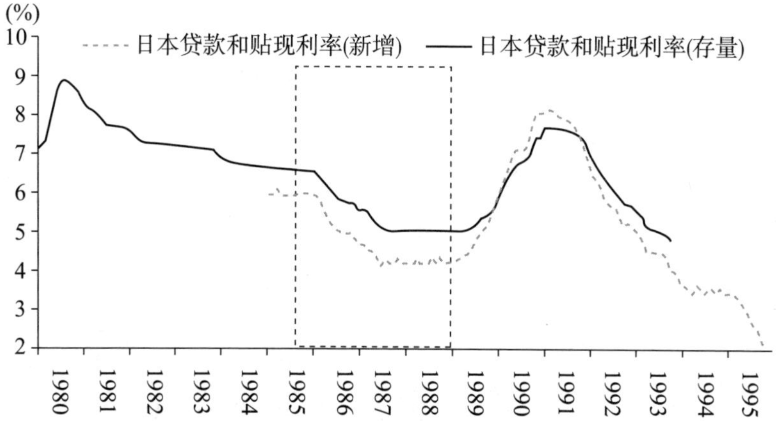

图 5—14 日本贷款与贴现利率

资料来源：CEIC，安信证券。

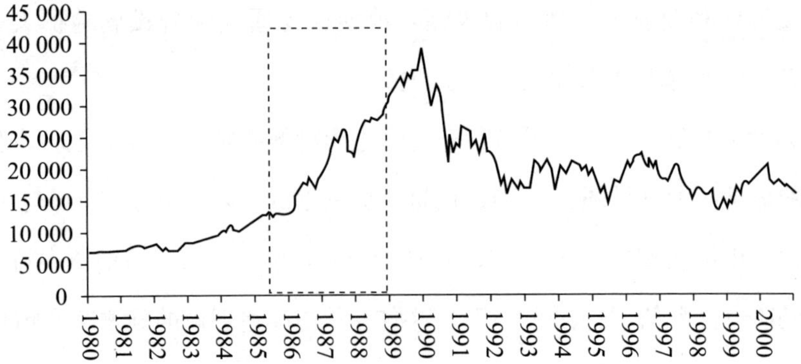

图 5—15　日本股票市场指数表现

资料来源：CEIC，安信证券。

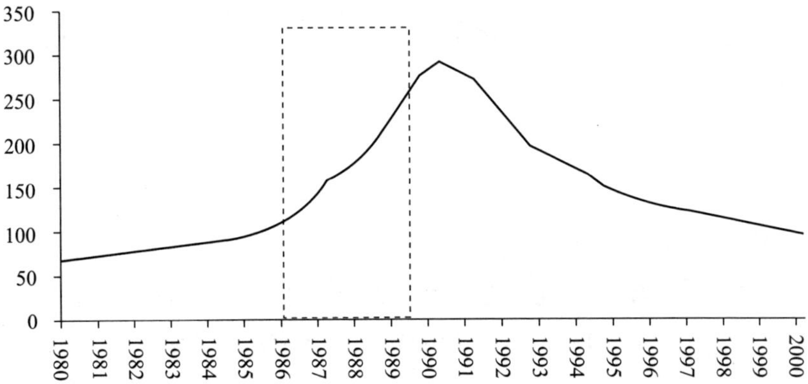

图 5—16　日本城市土地市场价格指数（最大六个城市）

资料来源：CEIC，安信证券。

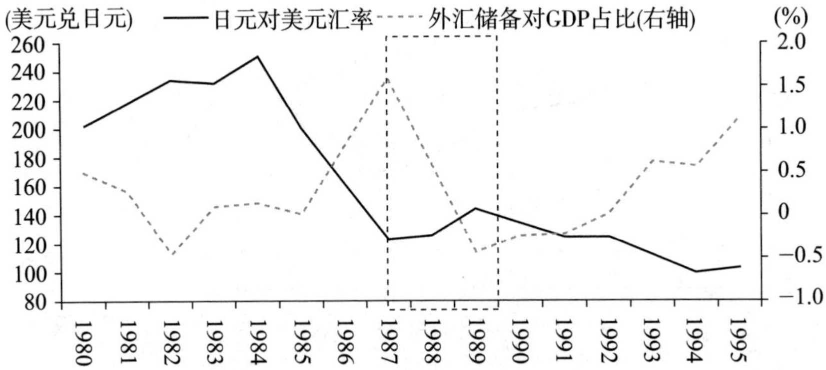

图 5—17　日本汇率贬值与资本流出

资料来源：CEIC，安信证券。

中国台湾的情况是大体类似的。为对冲新台币升值的影响，中国台湾的货币政策相当宽松，信贷投放出现井喷（见图 5—18）、信贷利率显著下降（见图 5—19）。这在股票、房地产和资本流动方面形成了相似的后果：股票市场与房地产市场估值中枢显著抬升（见图 5—20 和图 5—21），汇率贬值压力与汇率干预背景下大量的资本流出（见图 5—22）。

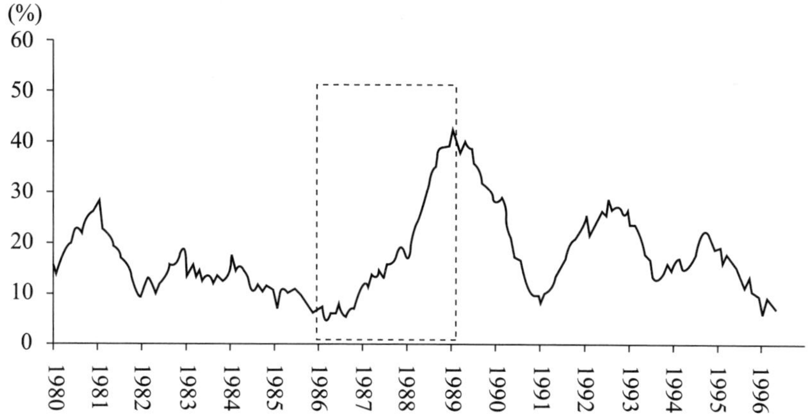

图 5—18 中国台湾境内银行贷款余额同比增速

资料来源：CEIC，安信证券。

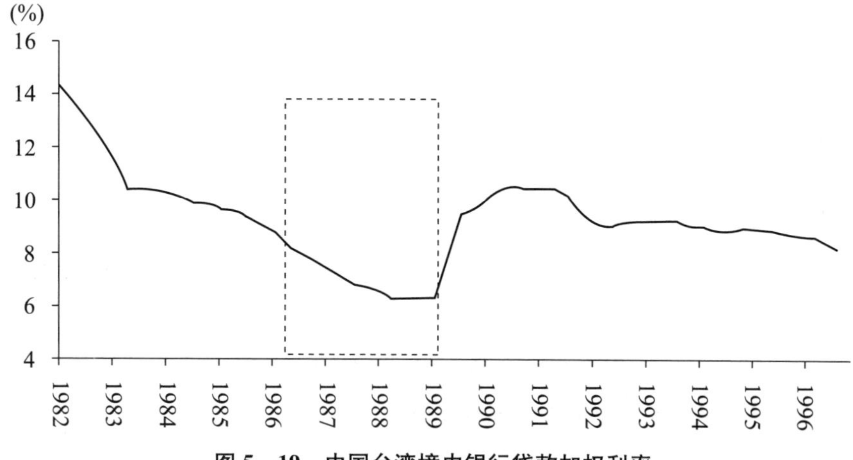

图 5—19 中国台湾境内银行贷款加权利率

资料来源：CEIC，安信证券。

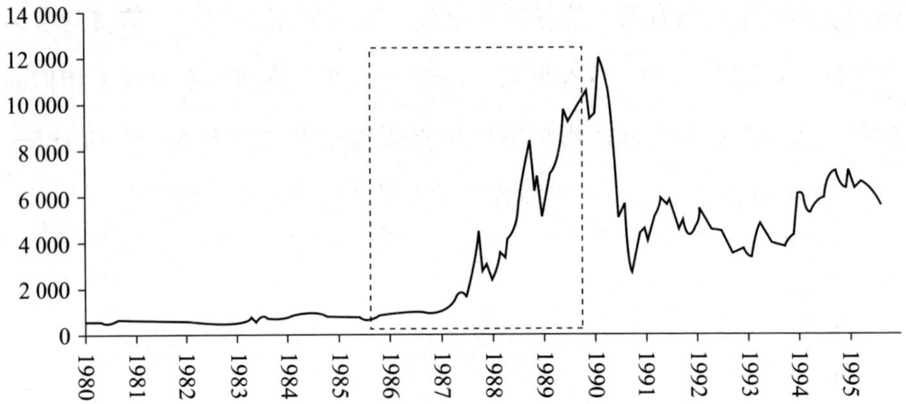

图 5—20　中国台湾权益市场指数

资料来源：CEIC，安信证券。

图 5—21　中国台湾住房销售价格增速

资料来源：陈南光：《台湾资产价格波动研究：来自 1973—1992 年的股票与地产市场证据》，安信证券。

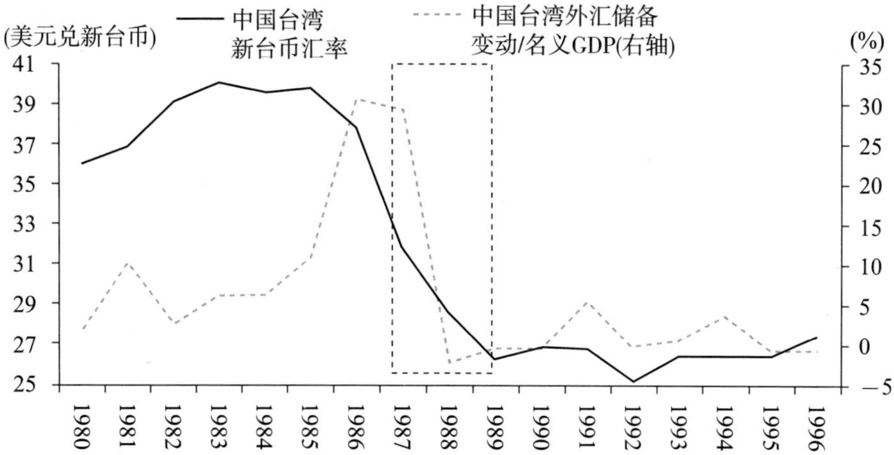

图 5—22　新台币汇率与中国台湾外汇储备变动/名义 GDP 比例

资料来源：CEIC，安信证券。

总需求扩张的案例

本节讨论2002年下半年经济加速至2004年4月密集调控政策出台之前实体经济的变化，考察其在资产市场上形成的影响，并与经验证据作比对。

一、2002—2004年实体经济领域的变化

图5—23显示了2002—2004年贸易盈余占名义GDP比例的变化，以及剔除进出口价格指数等以后的情况。容易看到，这段时期的数据非常特殊，表现为：在名义贸易盈余占比总体上稳中有降的同时，实际贸易盈余持续扩张，这在其他时期是很少见的。

图5—24显示的是2002—2004年OECD工业产出和中国的出口数量指数的同比变化。OECD工业产出在2001年底触底反弹，2004年5月达

到高点。期间，在 2003 年的上半年出现过一个软块，下探的幅度并不深；中国的出口数量指数自 2001 年下半年触底回升，此后一直维持在较高的水平上。

结合图 5—24 中的 OECD 工业产出指数和图 5—25 中以美国 PPI 衡量的全球可贸易品价格指数来看，2002—2004 年期间，海外需求出现了一轮扩张并带动中国出口的上行。或许加入 WTO 的制度红利也对当时中国的出口起到了作用。

图 5—26 的人民币有效汇率指数显示，2002—2004 年人民币汇率出现了大约 10%左右的贬值，这与当时美元开始转入贬值趋势有关系，这对提升中国出口的竞争力可能也有一定影响。

图 5—27 显示，2002—2004 年期间中国的工业产出和 GDP 增速持续爬升，其中 2003 年上半年出现过一段时期的增长疲弱，这也许与当时爆发的 SAS 疫情或外部冲击有关系。

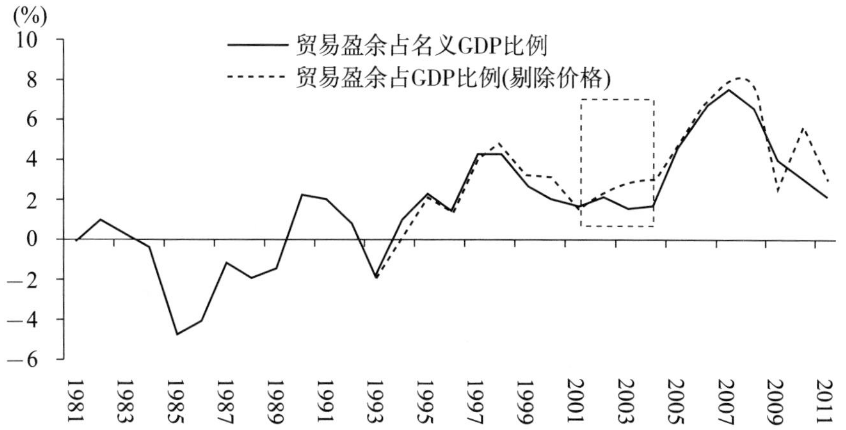

图 5—23　贸易盈余占 GDP 比例

说明：根据贸易指数及 GDP 平减指数剔除价格影响。

资料来源：CEIC，安信证券。

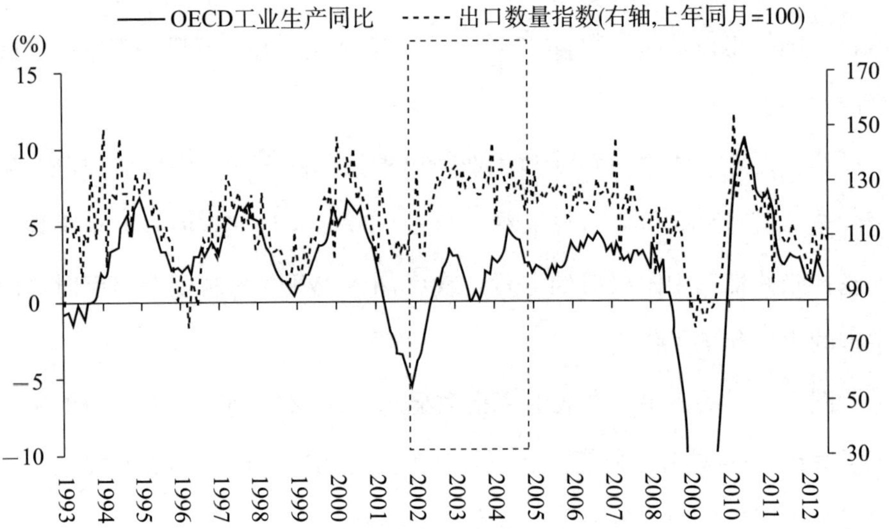

图 5—24 OECD 工业生产与中国出口

资料来源：Wind，安信证券。

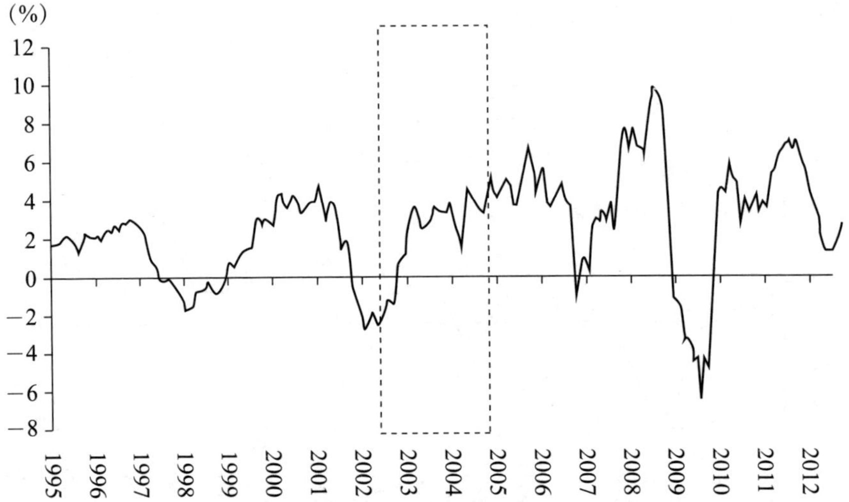

图 5—25 美国 PPI 月度同比

资料来源：Wind，安信证券。

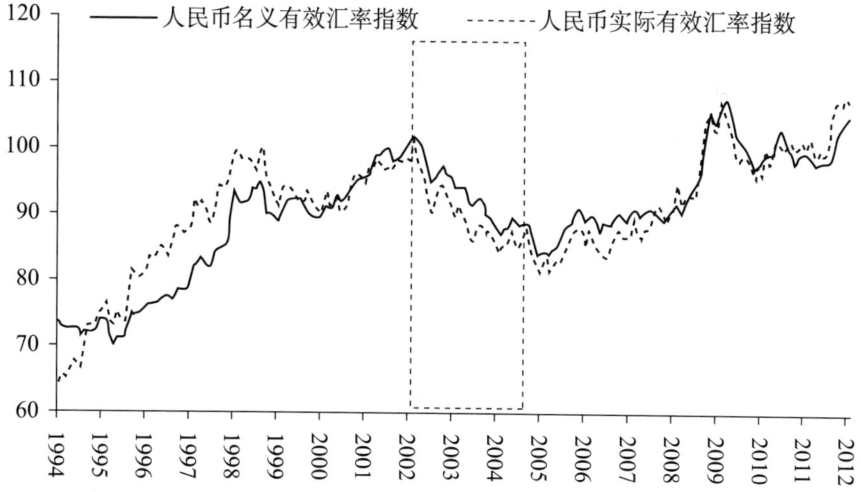

图 5—26　人民币有效汇率指数

资料来源：CEIC，安信证券。

图 5—27　规模以上工业增加值同比增速

资料来源：CEIC，安信证券。

合并这些证据看，基于以前讨论的国际收支分析框架，从剔除价格指数后的贸易盈余扩张看，国内需求收缩和供应能力扩张的解释都可以排除。这是由于前者会导致经济和工业减速，后者会导致通货膨胀（非食品核心消费物价）下降，而这两点均未发生。

实际的情况是，外部需求的加速（可能叠加 WTO 红利和人民币实际汇率的贬值）推动了出口的扩大和贸易盈余的上升，并进一步带动国内投资的扩张（见图 5—28）。

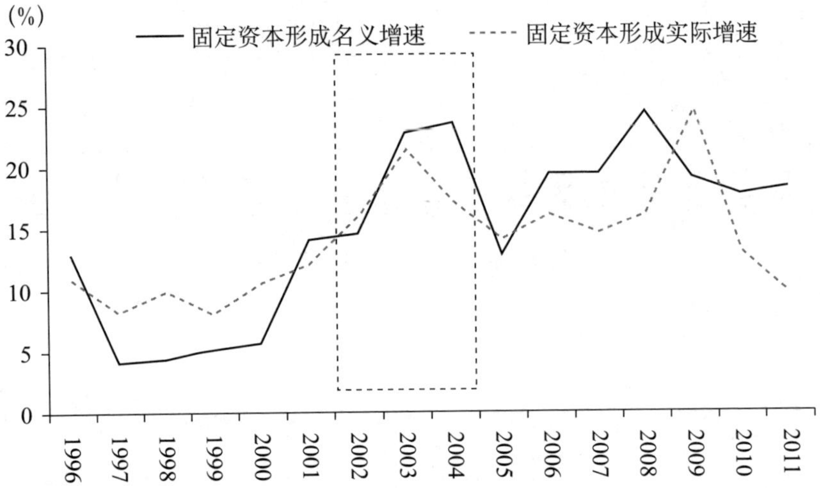

图 5—28　固定资本形成增速

说明：实际增速根据固定资产投资价格指数、分行业价格指数剔除价格影响。

资料来源：CEIC，安信证券。

与此同时，由于商品价格大幅度上涨带来进口价格指数升高，这段时期贸易条件恶化，名义贸易盈余反而出现下降。

我们从之前的讨论中知道，贸易条件的恶化降低了国民收入水平，相当于总供应曲线收缩和左移。从国民收入角度看，这一影响甚至超过了出口增长的影响。

所以这段时期实体经济承受的主要冲击可以归结为两点：一是贸易条件的恶化导致的总供应曲线左移；二是实际出口上升导致的投资需求扩张。

二、2002—2004 年资产市场价格的变化

对应到代表性个体资金来源和运用的约束等式（5—1）式中，总供应曲线左移意味着 Y_i 的下降；实体经济投资需求的扩张意味着投资意愿 ΔPC_i 的上升；名义经济增速的提升意味着合意的现金持有量 $\Delta M0_i$ 的上升。

在国内信贷供应曲线垂直，也即 ΔDC_i 不变的假定下，Y_i 的下降，ΔPC_i 和 $\Delta M0_i$ 的上升，使得微观代表性个体减少其在境内债券、股票和境外资产市场上的配置，这会使得境内资产市场估值下降，并导致国际收支领域出现资本流入的放大。容易看到，对于资产市场而言，前述两种冲击产生影响的方向是一样的。

$$Y_i - C_i - \Delta PC_i + \Delta DC_i = \Delta M0_i^* + \Delta D_i^* + \Delta B_i^* + \Delta L_i^* + \Delta NFA_i^* \tag{5—1}$$

（一）债券市场的下跌

图 5—29 显示的是这段时期十年期国债收益率的变动。2002 年下半年开始，十年期国债收益率趋势上行，2003 年上半年收益率出现了小幅的回调。从当时的经济增长和价格波动来看，这可能主要与经济增长受到的短期冲击有关。2003 年下半年经济增长恢复以后，债券收益率重新上行。

债券价格的下跌是容易理解的：在实际中，投资总需求扩张带来商业银行信贷投放的增加、债券资产配置资金的减少。由于商业银行是我国国债最大的持有人，持有比例近 80%（见图 5—30），商业银行债券资产配置的下降将带来债券价格的下跌和收益率的上行。债券市场的表现

与资产重估理论的推论是相符合的。

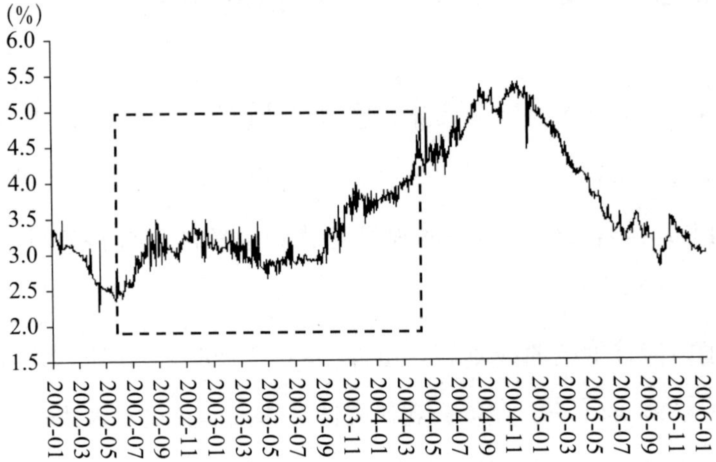

图 5—29　十年期国债收益率

资料来源：Wind，安信证券。

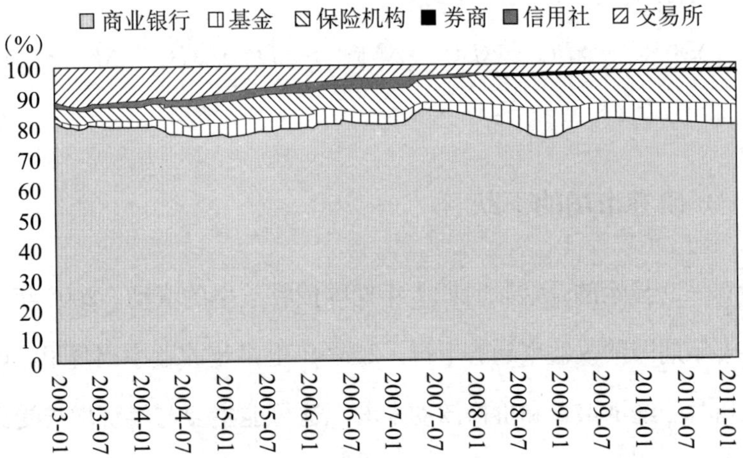

图 5—30　国债资产的持有人结构

说明：国债不含特别国债。

资料来源：中债登、安信固定收益研究小组。

(二) 股票市场盈利的上升、估值的下降以及行业分化

沿着资产重估理论框架去分析，内外需求的扩张一方面带来周期性

行业企业盈利的上升，吸引资金流入；另一方面，利率上升导致估值下降的压力增大。估值与盈利两股力量的角力，使得最终股票市场的总体涨幅有限。而在此背景下，周期类股票因受到盈利的支持，表现将好于防御类股票，股票市场内部出现分化。

图 5—31 显示的是期间沪深 300 指数的波动。2002 年下半年至 2004 年 4 月之前，股票市场呈 W 形波动。综合来看，指数的上涨非常地温和。2003 年下半年至 2004 年 4 月这一阶段，指数的上涨相对显著。

如果计算市场的滚动市盈率（见图 5—32），期间市盈率趋势下行。这意味着，指数的平稳主要来自企业盈利的改善（见图 5—33），否则估值下行的压力将使得指数显著恶化。

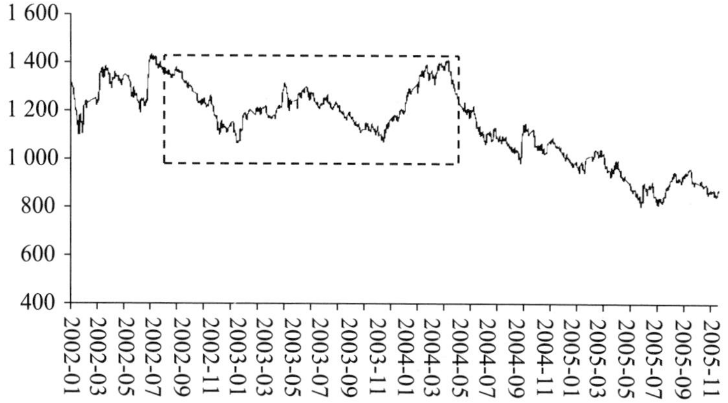

图 5—31 沪深 300 指数

资料来源：Wind，安信证券。

图 5—34 显示的是周期类指数与防御类指数的表现。可以看到，2002—2004 年盈利改善推动的行情下，周期类指数与防御类指数出现了明显的分化，在 2003 年底至 2004 年 4 月这段时间里表现得最为明显。

作为对比，我们还计算了 2006—2007 年期间两类指数的表现（见图 5—35）。这期间两类指数均经历了猛烈的上涨，但其分化并不显著。这显示了流动性推动行情同总需求扩张背景下股票市场表现的差异。

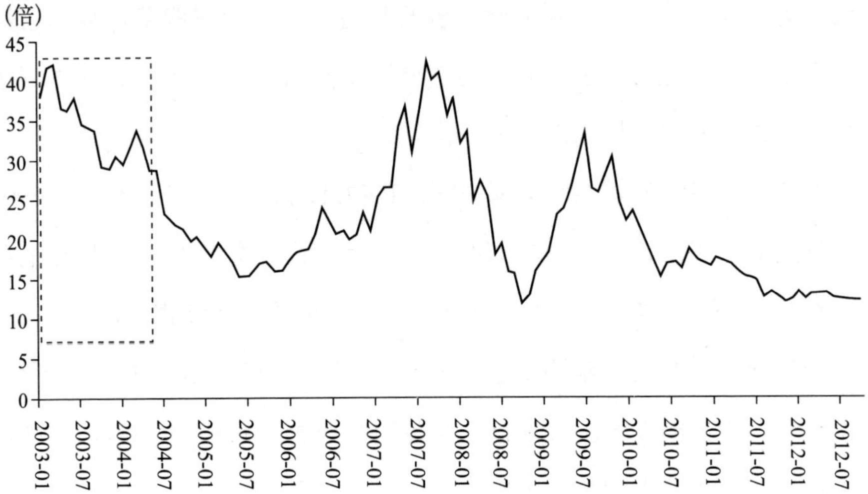

图 5—32　A 股上市公司滚动市盈率

资料来源：Wind，安信证券。

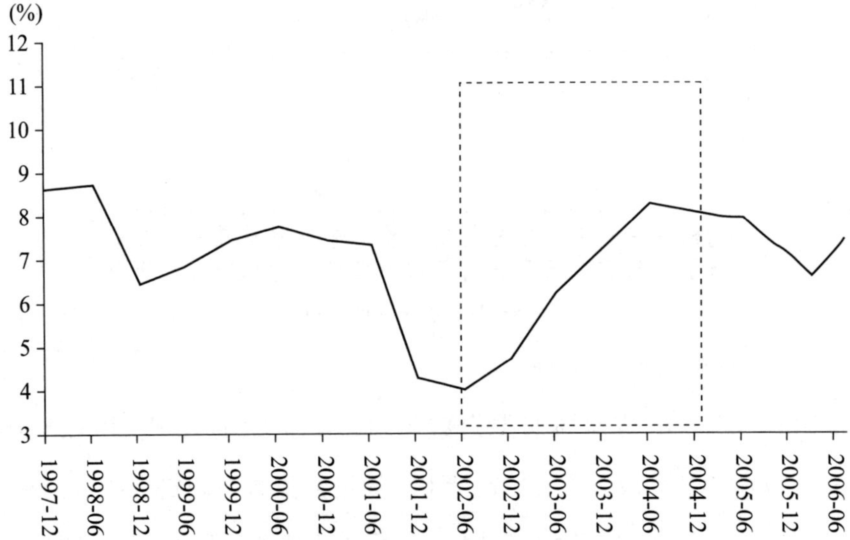

图 5—33　A 股上市公司滚动 ROE

资料来源：Wind，安信证券。

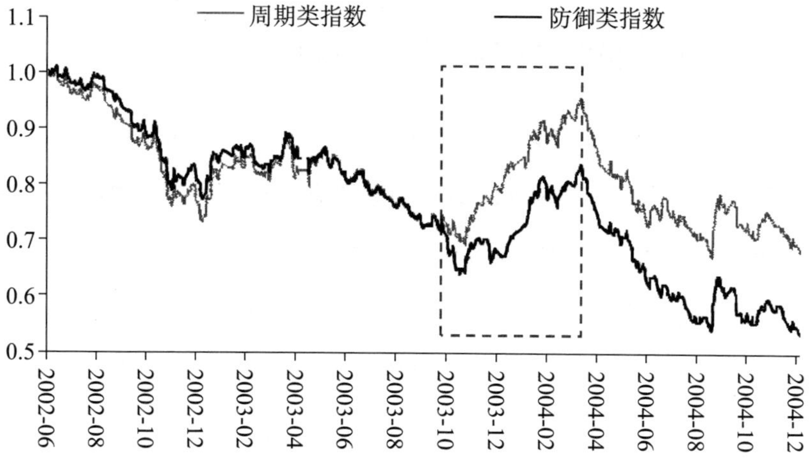

图 5—34　2002—2004 年：指数的分化显著

说明：周期类，选取能源、材料、工业、金融；防御类，选取可选消费、日常消费、医疗保健。简单算术平均法求得综合指数。

资料来源：Wind，安信证券。

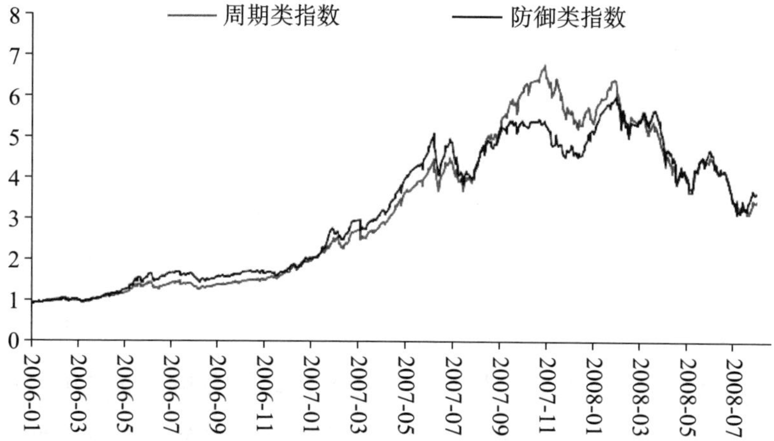

图 5—35　2006—2007 年：指数的分化不显著

说明：周期类，选取能源、材料、工业、金融；防御类，选取可选消费、日常消费、医疗保健。简单算术平均法求得综合指数。

资料来源：Wind，安信证券。

（三）房地产市场的表现：租售比处于高位

2002—2004 年长三角地区（比如上海）房地产价格的上涨异常猛烈（见图 5—36）。不过长三角地区房价的上涨应该不是一个宏观层面的现象，这期间地方政府通过退税等政策扶持房地产市场，以及这些地区此前去泡沫阶段房价的持续下跌，可能是此阶段价格快速上涨更重要的原因。实际上观察北京、广州和深圳的房地产价格，其上涨温和得多（见图 5—37）。

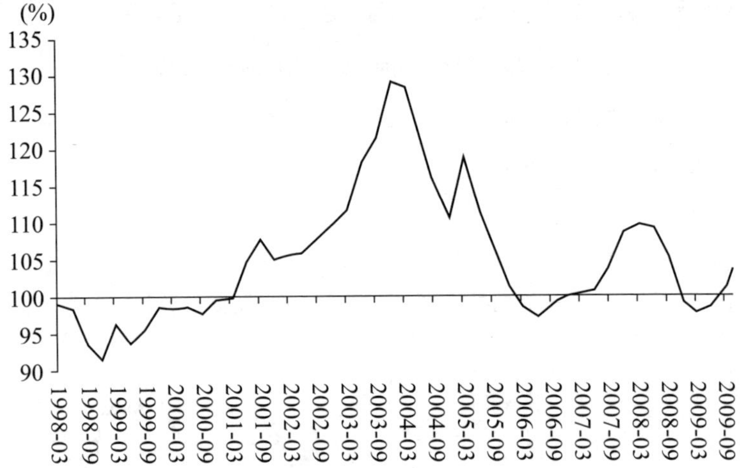

图 5—36　上海商品房销售价格指数（上年同期＝100，频率：季度）

资料来源：CEIC，安信证券。

更加重要的是，在资产重估理论框架下，我们关心的是投资需求扩张将带来的房地产市场估值中枢（可用租售比来考察）的变化。就像股票市场一样，房地产价格除了受到估值中枢影响以外，租金价格的上涨所代表的基本面变化也是重要的影响因素。

从统计局公布的租赁价格同比数据来看（见图 5—38），2002—2004 年期间租金价格的上涨是非常显著的。期间房屋租售比维持在历史较高水平上，租售比的快速下降发生在 2005 年以后。房地产市场的表现，基

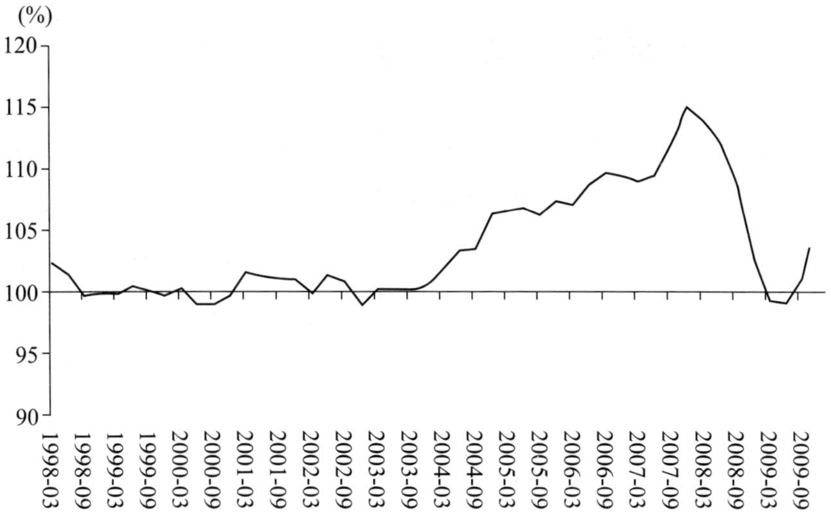

图 5—37　北京商品房销售价格指数（上年同期＝100，频率：季度）

资料来源：CEIC，安信证券。

本上与资产重估理论相符。

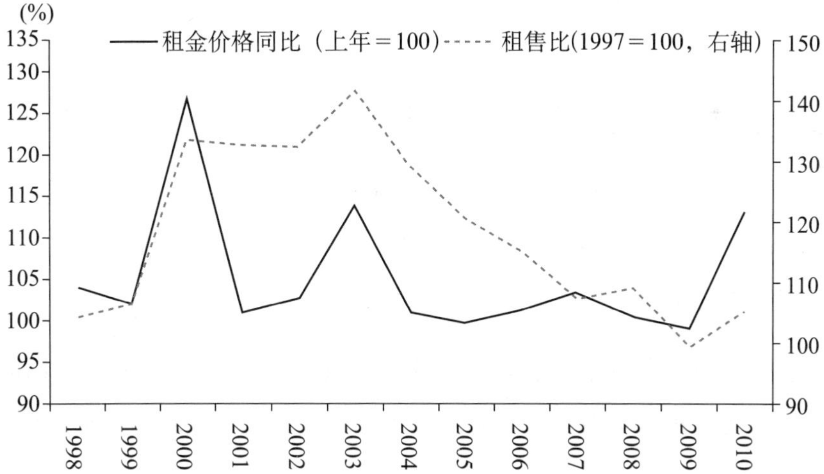

图 5—38　租金价格同比与房屋租售比

说明：左轴为租金价格同比增速，设定上年为 100；右轴为租售比的定基指数，设定 1997 年租售比为 100。

资料来源：CEIC，安信证券。

(四) 私人部门资本流动：大量流入

图 5—39 显示了过去 30 年私人部门的资本流动（占名义 GDP 的比例）。可以看到，2002—2004 年资本流入异常旺盛，其占名义 GDP 比例在 2004 年达到了历史最高水平。贸易顺差趋势走弱的情况下，2002—2004 年外汇占款投放也因大量的资本流入而显得异常猛烈（见图 5—40）。

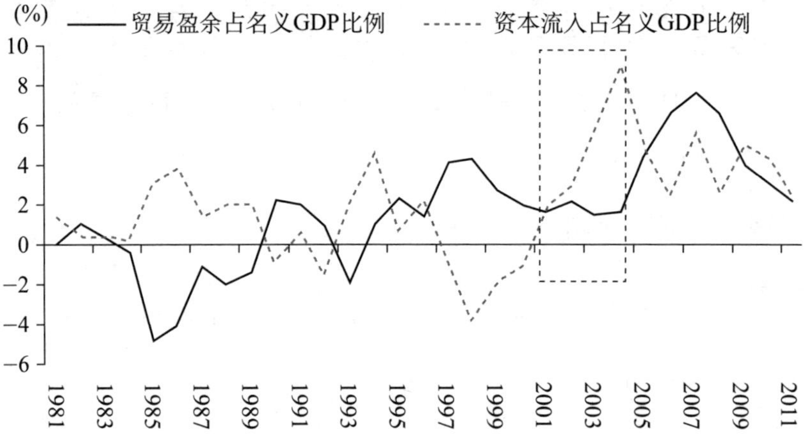

图 5—39　私人部门资本流动/名义 GDP

说明：资本流入为外汇储备变动减去贸易盈余。

资料来源：CEIC，安信证券。

总需求扩张背景下，实物资本投资意愿的上升，使得私人部门减持海外资产或减少海外负债，因此资本流入规模的扩大是资产重估理论框架的自然推论。

另外一种解释认为，期间资本流入的放大，原因是人民币升值预期的增强。然而汇率升值预期无法解释 1999 年资本流出的减缓（期间人民币汇率存在贬值预期），也无法解释 2004 年末以后资本流入的减少（期间贸易盈余剧烈扩张、人民币升值预期仍然旺盛），其对资本流动的解释力是边际上的。

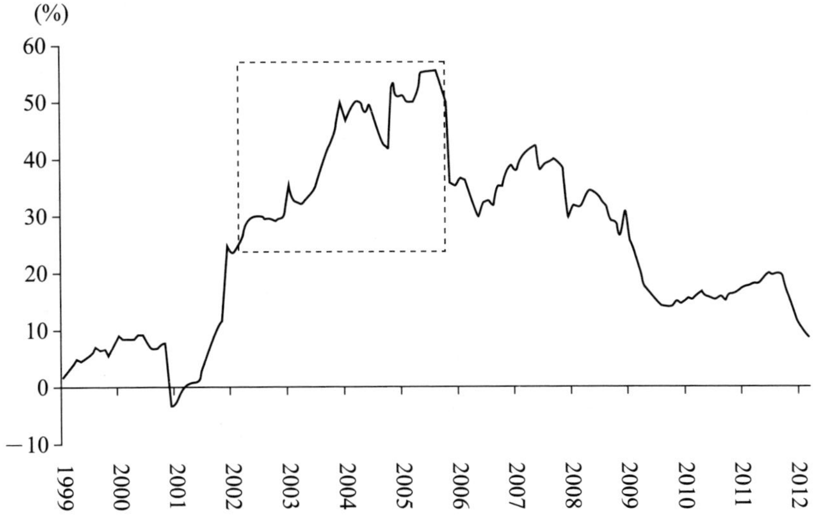

图 5—40　外汇占款余额同比增速

资料来源：CEIC，安信证券。

总需求收缩的案例

本节讨论了 1995—1997 年的案例。在结构上我们首先基于国际收支、经济增长和通货膨胀等数据分析了经济层面的主要冲击和政策选择；接下来以资产重估理论为基础分析了这些变化对资产市场的影响，并与实际数据进行了比对。

一、总需求萎缩主导经济波动

我们仍然从贸易盈余占名义 GDP 比例入手，运用基于国际收支平衡的总供求分析框架，分析 1995—1998 年实体经济的总供求波动。

图 5—41 显示，1995 年以后中国贸易盈余快速上升，1997—1998 年贸易盈余占名义 GDP 的比例超过 4%，水平之高在历史上仅次于 2005—2008 年。从数据上看，即使剔除进出口价格指数变化的影响，这段时期

贸易盈余相对上升的趋势也仍然很明显。

贸易盈余的扩张可能来源于海外需求的扩张（或人民币汇率贬值）、国内总供应能力的释放以及国内总需求的萎缩。如果是海外需求的扩张（或人民币汇率贬值），或者是国内总供应能力的释放主导了经济波动，最终经济总体产出水平有望上升，而实际上 1995—1998 年工业和 GDP 增速趋势滑落（见图 5—42）。这意味着，尽管我们无法排除海外需求扩张和国内总供应能力释放的影响，但我们能够知道的是，这段时期内国内总需求萎缩的影响更为主导。

过去 30 年，中国经济波动的大部分来自投资需求的波动，1995—1998 年的经济滑落也不例外，投资增速出现了显著的下滑（见图 5—43）。

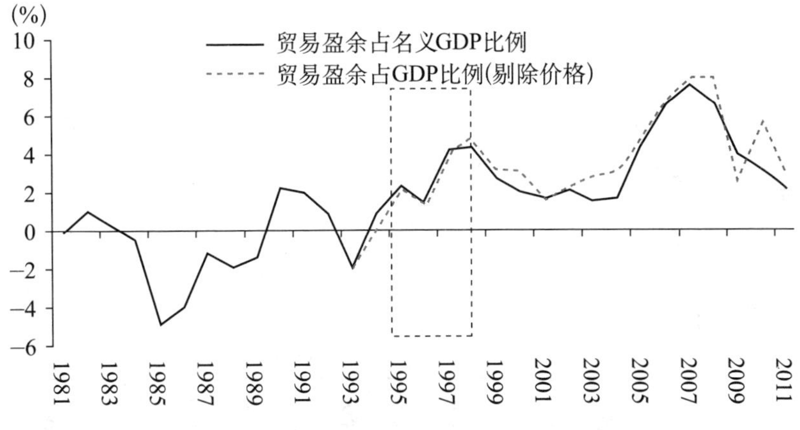

图 5—41 贸易盈余占 GDP 比例

说明：根据贸易指数及 GDP 平减指数剔除价格影响。

资料来源：CEIC，安信证券。

具体地，就海外需求而言，1996 年初至 1997 年上半年，OECD 工业产出扩张带动中国出口较快增长，而期间总产出并没有显著上升，暗

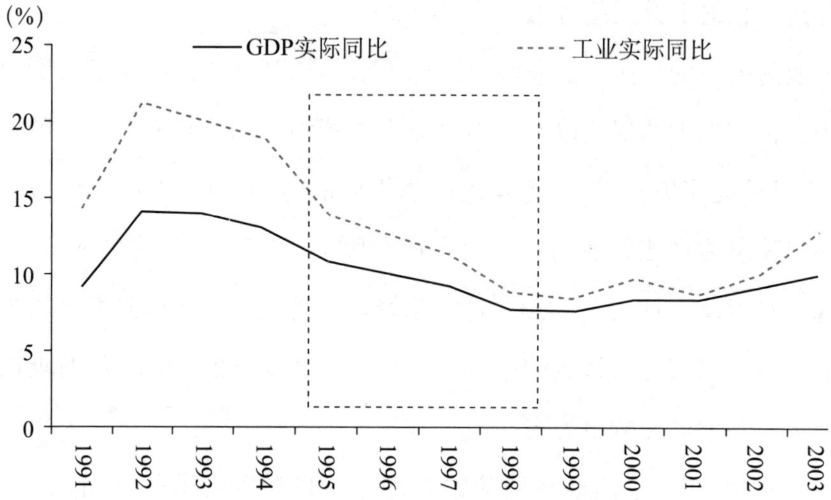

图 5—42　GDP 与工业增长同比

资料来源：CEIC，安信证券。

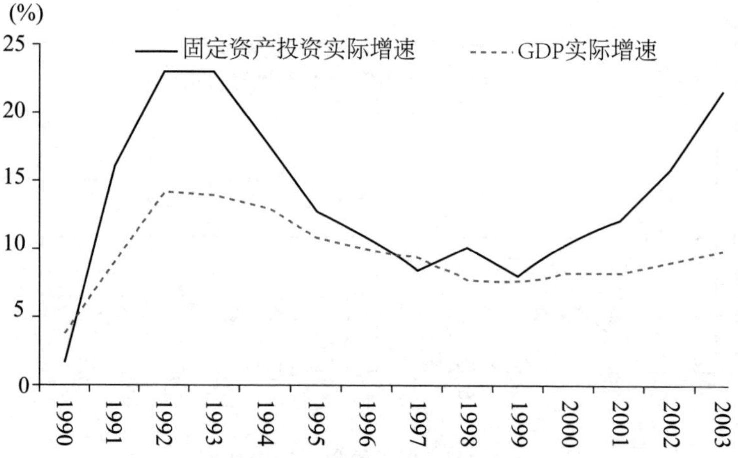

图 5—43　固定资产投资实际增速与 GDP 实际增速

说明：此处固定资产投资实际增速，为名义固定资产投资增速剔除固定资产投资价格指数后的数据。

资料来源：CEIC，安信证券。

示海外需求扩张的影响相对次要；1997 年下半年开始，东南亚金融危机爆发，中国出口显著减速，然而期间贸易盈余不降反升，这同样意味着，海外需求收缩的影响相对次要（见图 5—44）。

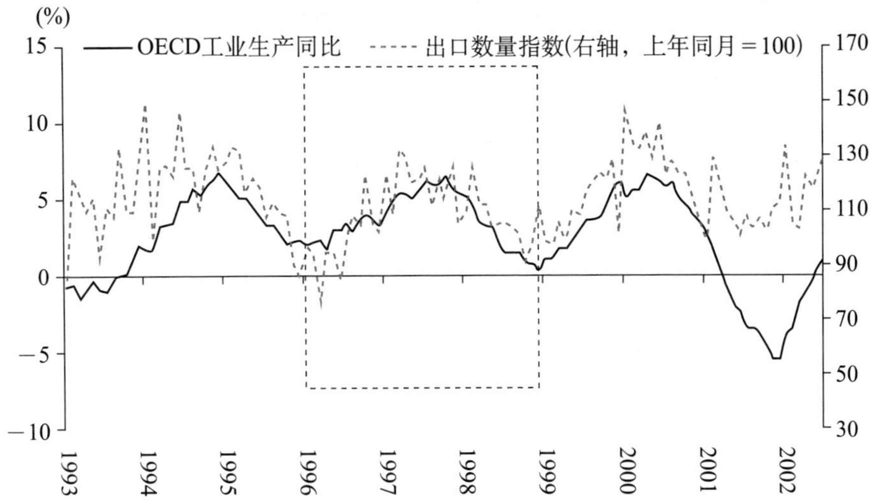

图 5—44　OECD 工业生产与中国出口

资料来源：Wind，安信证券。

就国内总供应能力的释放而言，我们认为其并非主导力量，因为期间与贸易盈余扩张相伴随的，是产出水平的趋势滑落。但在 1995—1998 年这一区间的早期，比如在 1995—1996 年，总供应能力的释放对经济增长的贡献也许是不可忽略的。

作出这种推断存在两个方面的重要线索：一是 1992—1994 年固定资产投资大量增加，其在随后一段时期内形成产能投放是顺理成章、十分自然的事情；二是 1995—1997 年期间相对于经济的温和减速，通货膨胀水平的下降十分猛烈，以至于当时人们普遍认为经济正在实现“软着陆”。

我们知道，如果在需求下降的同时供应出现扩张，那就很容易出现经济减速不大、通货膨胀下降剧烈的情形，这种理论推断与当时的经济表现至少是一致的。

二、1995—1998 年资产市场的表现

接下来我们讨论资产重估理论框架下，1995—1998 年总需求萎缩对资产市场可能造成的影响，并与经验证据作比对。

$$Y_i - C_i - \Delta PC_i + \Delta DC_i = \Delta M0_i^* + \Delta D_i^* + \Delta B_i^* + \Delta L_i^* + \Delta NFA_i^* \quad (5—1)$$

1996 年开始月度 CPI 跌破 10%，同时央行开始降息，货币政策立场由紧缩转向中性，随后转向宽松。在银行体系不存在惜贷的假设下，这将使得 ΔDC_i 右移；投资需求的萎缩，对应 ΔPC_i 的下降和剩余储蓄 $Y_i - C_i - \Delta PC_i$ 的增加；通货膨胀的显著回落、经济名义增速的快速下滑，降低了合意的现金持有量，新均衡下 $\Delta M0_i^*$ 因此减少。这样，等式右边现金以外的其他各类资产均面临资金流入压力，分别表现为股票估值中枢的抬升、债券收益率的下行、土地和房地产租金回报率的下沉以及资本流出。

考虑到各类市场成熟度以及数据可得性，我们重点分析当时股票市场和私人部门海外净资产的波动。

如下图 5—45、5—46 和 5—47 所示，1995—1998 年，总体来看，上证 A 股指数上涨了 1 倍。如果计算上市公司的 ROE，1996—1998 年上半年盈利表现平稳，但较 1995 年有不小的滑落。这意味着，期间指数的上升主要来源于估值的推动。事实情况是，上证 A 股滚动市盈率从 1996 年初的 20 倍上升至 1997—1998 年的 40 倍。股票市场估值的抬升，大体上符合资产重估理论的预测。

对于这段时期股票市场的情况，附录节选了 1996 年 12 月 16 日《人民日报》社论《正确认识当前股票市场》中的一段描述，生动刻画了当时的情景。

图 5—45　上证 A 股指数

资料来源：Wind，安信证券。

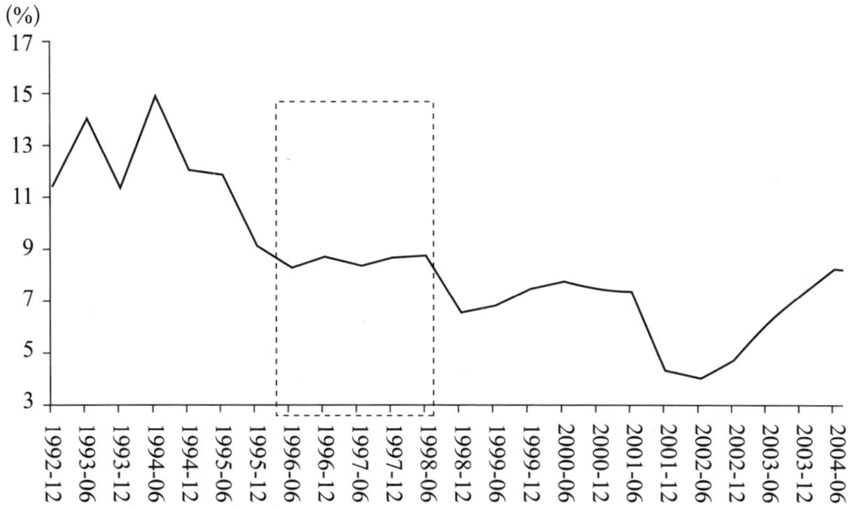

图 5—46　A 股上市公司滚动 ROE

资料来源：Wind，安信证券。

1995 年贸易盈余转向扩张以后，中国私人部门资本流入的规模便开始下降，自 1996 年底开始出现资本流出。1997 年下半年爆发的东南亚金融危机，边际上使得资本流出的规模更为庞大。私人部门资本流动符合资产重估理论的预测（见图 5—48）。

图 5—47　市盈率波动

资料来源：Wind，安信证券。

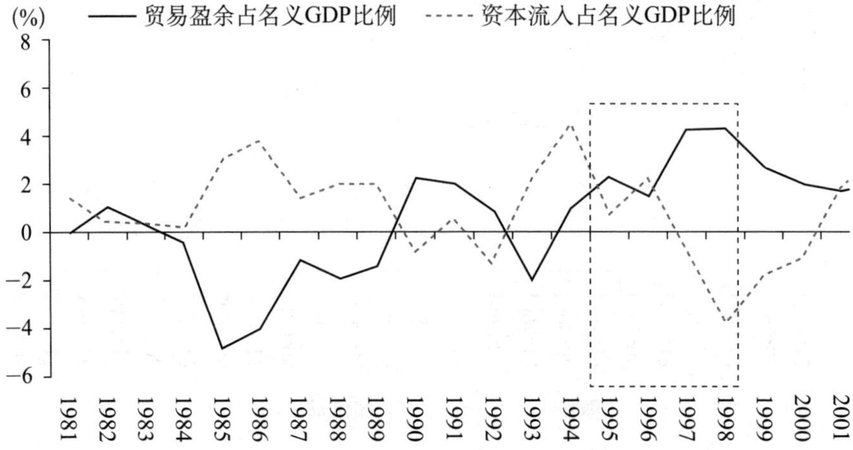

图 5—48　私人部门资本流动/名义 GDP

说明：资本流入为外汇储备变动减去贸易盈余。

资料来源：CEIC，安信证券。

附　　录

（节选自《正确认识当前股票市场》，1996 年 12 月 16 日《人民日报》社论）

今年 4 月以来，股票市场逐步回升，10 月以后出现暴涨。从 4 月 1 日到 12 月 9 日，上证综合指数涨幅达 120%，深证成份指数涨幅达 340%。这在国际证券市场上是罕见的。当前，炒股已成社会热门话题，各界人士争相入市，证券交易所几个月来新增投资者开户数 800 多万，总数超过 2 100 万，股民已占城市人口相当大的比例。股票市场快步上升为我国金融市场的一个重要组成部分。对我国股票市场目前的状况，我们应有一个清醒的认识。

股市因何出现暴涨

中国股市今年快速上涨，有其合理的经济根据，即全球股市普遍上扬和国内经济形势明显好转。但是，最近一个时期的暴涨则是不正常的和非理性的。第一，从市盈率的国际比较看。以 12 月 9 日为例，上海市场平均市盈率达 44 倍，深圳市场达 55 倍。而国际股市绝大多数都在 20 倍左右，例如纽约市场为 19 倍，伦敦市场为 17 倍，德国市场为 29 倍，香港市场为 18 倍，新加坡市场为 21 倍。中国股市明显处于过高状态。第二，从上市公司的经营业绩看。去年上市公司平均每股税后利润 0.25

元，今年上半年为0.14元，也就是说，目前上市公司的经营业绩不可能长期支持这么高的股价。第三，从违规活动与股价指数及成交额的联系看。今年以来，市场违规活动呈递增趋势，二季度末以后明显增加，与此对照，股指飞速上升，成交额急剧增加，速度之快，异乎寻常。从个股看，股价全面上扬，经常全线“飘红”。10月以后，少数亏损企业的“垃圾股”也被炒到七八元钱甚至还高，被称为“鸡犬升天”，令人不可思议。从成交额看，沪深两个证券交易所日均成交额，今年9月份为87亿元，12月后达200亿元以上，12月5日这一天竟达到350亿元，约相当于香港股市最高日成交额的三倍，而我国股市可流通股总市值只相当于香港股市的1/10，这就意味着股票交易过度投机明显。

关于产能周期与资产重估的历史总结

本节首先对过去 20 年的宏观经济数据以十年为周期进行了简略的回顾、对比和总结，然后结合此前讨论的国际收支框架对经济波动过程进行了简单的区分，即投资需求扩张阶段、产能供应扩张/投资需求下降阶段，以及产能供应和投资需求均收缩的阶段等三个阶段，并总结和归纳了不同阶段经济和市场的主要特征。

我们还以生产资料价格波动为入手点，以产能供应扩张和收缩为线索，讨论了企业盈利波动和就业市场起伏的一些特点。这有助于我们进一步理解资本市场波动的基本面因素。

一、历史数据的回顾和对比

回顾 1992—2012 年期间大约 20 年中国经济波动的历史，从总供应能力余缺波动的角度来看，大致可以以十年为跨度划分成两个周期：第一轮周期大约是从 1992 年开始，一直持续到 2001 年；第二轮周期大概从 2002 年开始，2012 年也许处于它的末端。这两轮周期的共同点是很明显的：

第一，1992 年和相隔十年后的 2002 年中国固定资本形成均经历了非常显著的加速，其增速高点均超过 20%，而此前固定资本形成增速则在 10%左右（见图 5—49）。

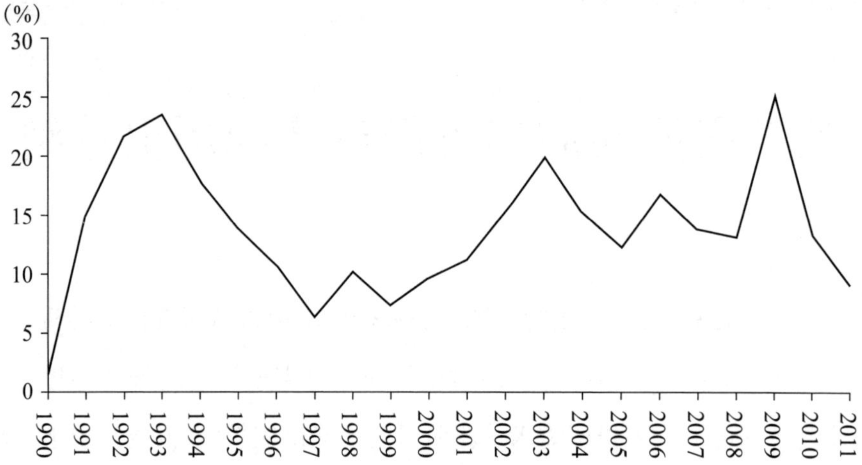

图 5—49　固定资本形成总额的实际增速

说明：采用 GDP 支出法数据计算固定资本形成的名义增速，然后平减用固定资产投资价格指数估算的固定资本形成的实际增速。

资料来源：CEIC，安信证券。

第二，由于固定资产投资的大幅度加速，1992 年和 2002 年后经济和工业的增长速度处于较高的水平（见图 5—50 和图 5—51）。

第三，经济过热问题随后开始出现，并导致宏观调控和货币紧缩。通货膨胀率分别在 1994 年和 2004 年达到阶段性高峰，其中 1994 年通货膨胀一度超过 20%（见图 5—52）。

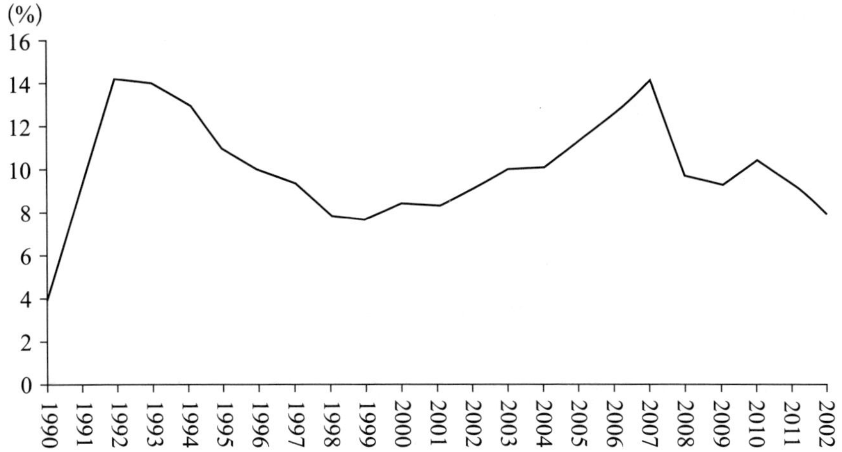

图 5—50　中国实际 GDP 增速

资料来源：CEIC，安信证券。

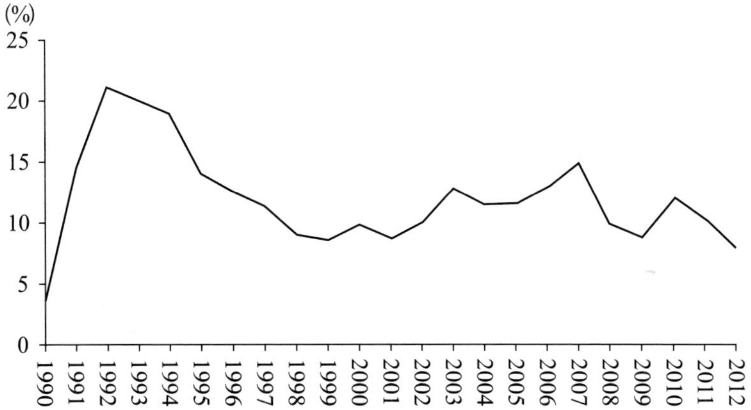

图 5—51　中国工业增速

资料来源：CEIC，安信证券。

第四，经济过热局面导致了基础设施供应的严重紧张。1994 年和 2004 年发电设备利用率均达到历史峰值，其中 2004 年甚至超过 1994 年（见图 5—53）。

第五，随着固定资产投资形成的产能开始集中释放，1995—1997 年和 2005—2007 年对外贸易盈余均出现急速增加。贸易盈余占 GDP 的比

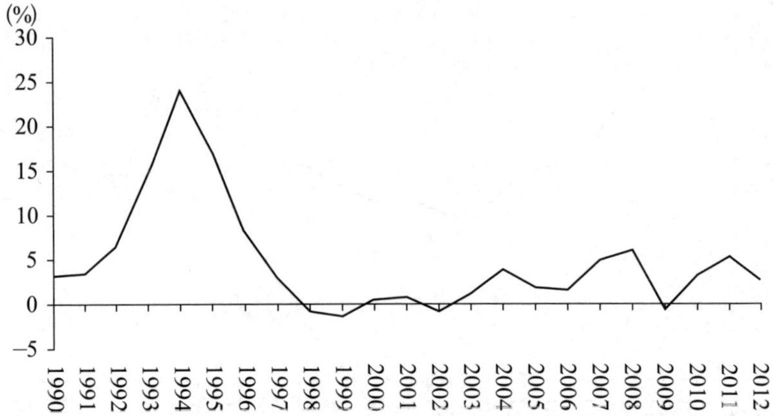

图 5—52　CPI

资料来源：CEIC，安信证券。

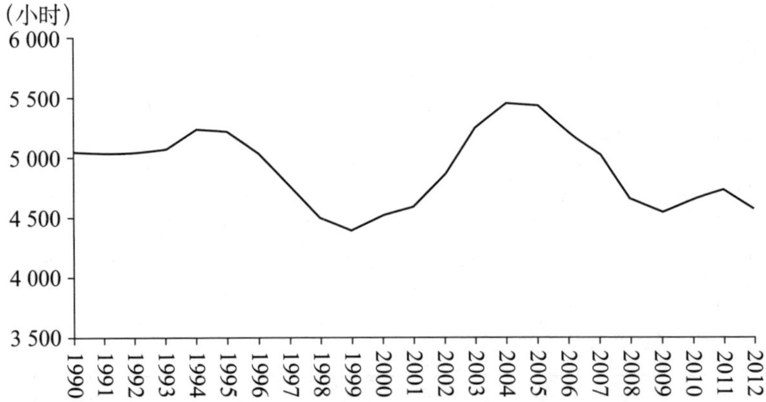

图 5—53　发电设备平均利用小时

资料来源：CEIC，中国电力工业统计资料汇编，安信证券。

重在 1998 年超过 4%，而在 2007 年甚至超过 7%（见图 5—54）。

第六，产能集中投放导致总需求开始回落，在这一转折过程的 1996 年和 2006 年，经济均呈现出“高增长，低通胀”的良好局面。1996 年这被归结为宏观调控导致经济成功实现“软着陆”，2006 年被资本市场总结为经济进入了“黄金十年”。

第七，实体经济的产能周期深刻影响了资本市场的表现。在经济高

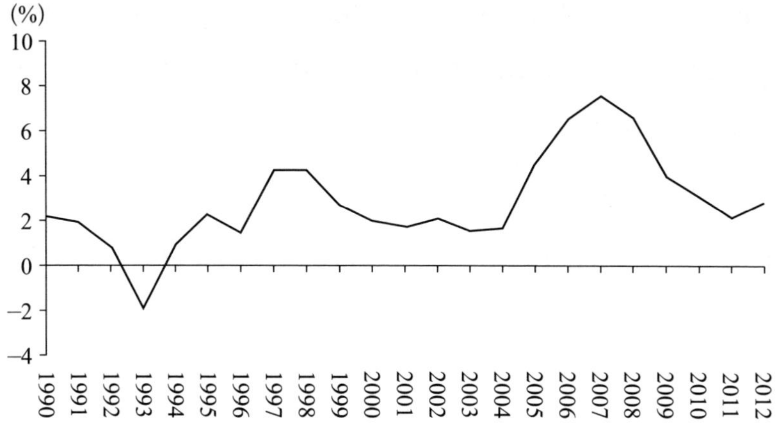

图 5—54 贸易盈余占名义 GDP 的比重

资料来源：CEIC，安信证券。

增长、低通胀以及对外贸易盈余大幅度上升的 1996－1997 年以及 2006－2007 年，中国资本市场均出现了以估值中枢上升为特征的和广谱的上涨；在 1999 年和 2009 年的产能过剩时期，均出现了财政和货币政策的积极刺激，并伴随市场估值的再次上升（见图 5—55）。

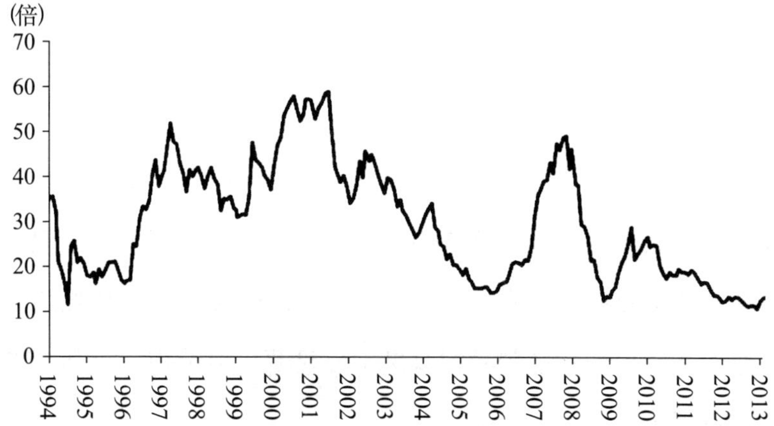

图 5—55 中国 A 股估值

说明：PE 采用 TTM 整体法计算，剔除负值。

资料来源：Wind，安信证券。

第八，1997年下半年亚洲金融危机爆发，1998年中国出口增长率急速下滑，经济内外交困；2007年下半年美国“次贷”危机爆发，2008年中国出口也经历了非常显著的下滑，经济出现非常大的困难。当然，这方面的相似更多来自偶然因素。

在这两轮经济周期当中，宏观经济政策也表现出一定的相似性。1994年和2004年都出现针对经济过热的宏观调控和货币紧缩；1998年和2008年（底）政府均开始采取积极的财政政策，并通过鼓励信贷投放来刺激经济。

1999—2000年中国资本市场以估值中枢的剧烈抬升为标志，经历了显著上涨，但上市公司同期盈利增长并不显著。同期除美国科网泡沫的影响和传染之外，当时刺激性的货币政策以及狭义货币供应的加速可能也与此有关。

2009年中国资本市场再次出现以估值中枢的剧烈抬升为标志的急剧上涨，这与当时非常宽松的货币信贷刺激密切相关（见图5—56）。

从风格上看，2000年出现了互联网板块的泡沫，2010年则是中小板和创业板估值的泡沫化。

当然，这两轮周期也存在许多差异：1992—2001年的周期中只经历了一轮通货膨胀，在其后期总量刺激政策的效果并不很显著，但结构改革和过剩产能去化取得了重要进展；2002—2012年的周期中经历了三轮通货膨胀，在其后期总量刺激的效果十分显著，但结构改革和产能去化方面似乎进展不大。

这两轮周期的主导性行业存在明显差异，此外后一轮周期中出现了低端劳动力的趋势性短缺（我们怀疑这与刘易斯拐点有关），也对食品类消费物价数据产生一定影响。

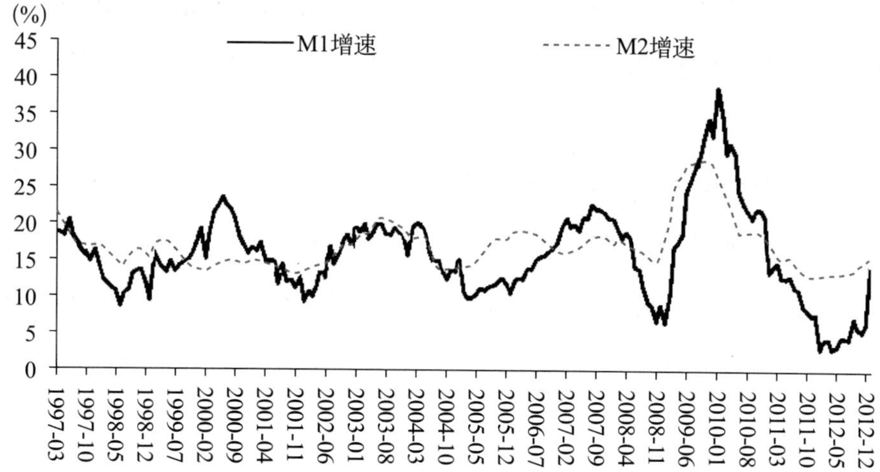

图 5—56 M1、M2 同比增速（月度）

资料来源：CEIC，安信证券。

二、产能周期的划分和总结

正如我们在本书通货膨胀部分所讨论的那样，在过去二十多年的历史中，中国经济越来越融入全球经济体系，并受到后者波动的明显影响，这一影响在可贸易商品价格方面表现得尤其突出。随着中国经济规模的进一步扩大，中国也正在逐步从全球价格的接受者演变为全球价格波动的重要决定因素。

容易理解，全球经济增长还通过出口扩张和出口制造部门投资活动的上升以及就业影响中国经济的产出。在一些时期，这些影响看起来特别显著。

然而，剔除全球经济因素的影响以后，正如前一部分的回顾和对比所显示的那样，中国经济波动仍然主要表现为投资活动的周期性起伏，并通过投资扩张（产能不足）和投资疲软（产能过剩）的交替循环呈现出来。从总量角度看，这一交替循环对通货膨胀、国际收支、宏观政策、资产价格和利率水平都产生广泛的影响。

从产业角度看，投资活动的行业构成在不同周期之间表现出显著的差异。这可能反映了随着收入水平的增长和劳动工资的上升，以及技术、体制和其他外部条件的持续变化，不同行业的比较优势和竞争能力的兴起和衰落。这将改变出口产品构成、不同行业从贸易赤字到盈余的转变、就业格局、不同技能的劳动者收入的相对变化等诸多领域，并通过影响投资者的预期，改变资本市场上成长类股票的估值水平。

我们在本书中的讨论主要集中在这一交替循环过程中经济总量层面数据的变动特征和相互联系，以及这些变化在资产市场上的主要影响。

应该承认，在经济周期的反复起伏过程中，关于行业构成层面变化的线索和关键特征等，我们的理解仍然是十分不足的。

基于此前对中国宏观经济历史数据的分析和总结，在暂时忽略外部需求波动的假设下，我们可以将经济周期的变动特征及其在资本市场上的影响总结在表 5—1 中。

表 5—1　　产能周期阶段特征

周期阶段/经济特征	代表性时期	产能平衡	经济增速	国际收支	通货膨胀与经济政策	资产价格
第一阶段	1992—1994 2002—2004	投资需求扩张，产能供应不足	明显爬升	贸易盈余显著下降	通货膨胀上升，经济政策转向紧缩	市场利率上升，股票估值下降，周期板块超越防守板块

续前表

周期阶段/经济特征	代表性时期	产能平衡	经济增速	国际收支	通货膨胀与经济政策	资产价格
第二阶段	1995—1997 2005—2007	投资需求下降，产能供应扩张	继续爬升或开始下降	贸易盈余持续扩张	通货膨胀下降，经济政策转向稳健	市场利率下降，股票估值提升，资产价格全面重估，大小盘和周期防守之间无明显区分
第三阶段	1998—2001 2008—	投资需求疲弱，产能供应收缩	下降或维持疲弱	贸易盈余下降	通货膨胀维持低位，经济政策转向扩张	市场利率下降或维持低位；股票市场估值分化，成长股超越大盘股；防守板块超越周期板块

在实际的经济运行中，由于外部需求的波动，以及技术冲击、政府行为和其他一些扰动因素的影响，经济和市场的变化当然比上表中的总结更为复杂，并在有些时候十分显著地背离表中的模式，这也构成了现实经济分析过程中最令人迷惑和不安的部分。

然而当这些冲击因素消失以后，经济逐步回归到由内生力量支配的轨道，这些模式的特征似乎又会再次表现出来，并使得对这些模式的总结和分析变得重要。

三、从产能周期角度看企业盈利与就业的周期性波动

图 5—57 报告了工业企业主营业务利润与其收入的比例（我们姑且称之为“利润份额”），图 5—58 报告了资金流量表中所反映的非金融企

业部门的总储蓄（利润加折旧等）占企业部门 GDP 的比例。

总体上看，在过去十多年的时间里，企业的利润份额似乎呈现系统性的上升趋势，例如其每次波动的高点都明显高于此前的最高水平。

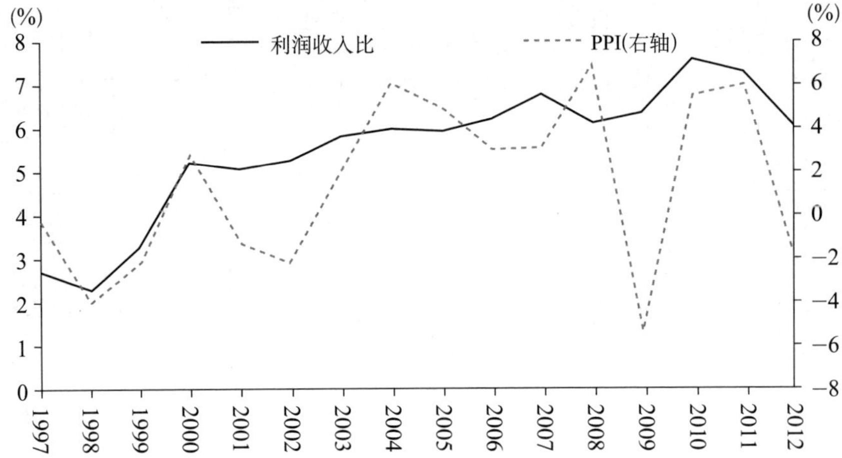

图 5—57　工业企业利润收入比和 PPI

资料来源：CEIC，安信证券。

这一变化可能反映了中国资本产出比正在持续下降的事实，即每生产单位 GDP 需要越来越多的资本和投入品。这一变化也许与经济结构的变迁和重化工业的兴起有一定联系。

例如，我们可以进一步观察非金融上市公司的权益资本回报率（ROE）数据（见图 5—59），以及细分行业人均固定资产变化与利润率变化的横截面关系（见图 5—60）。

从上市公司权益资本回报率的数据看，至少在 2005—2012 年期间的八年时间里，盈利持续上升的趋势并不明显。

从细分行业横断面数据来看，利润率提高越显著的行业，其资本密度的提高也更大（见图 5—60）。这些事实似乎表明，企业利润份额持续上升趋势的背后，可能反映着经济正在经历资本深化过程的影响。

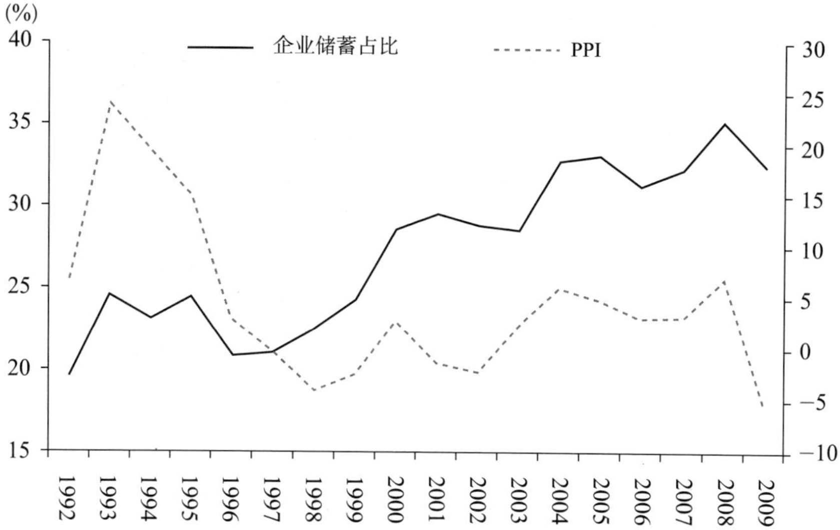

图 5—58　企业部门总储蓄占企业部门 GDP 比例与生产资料价格指数 PPI

资料来源：Wind，安信证券。

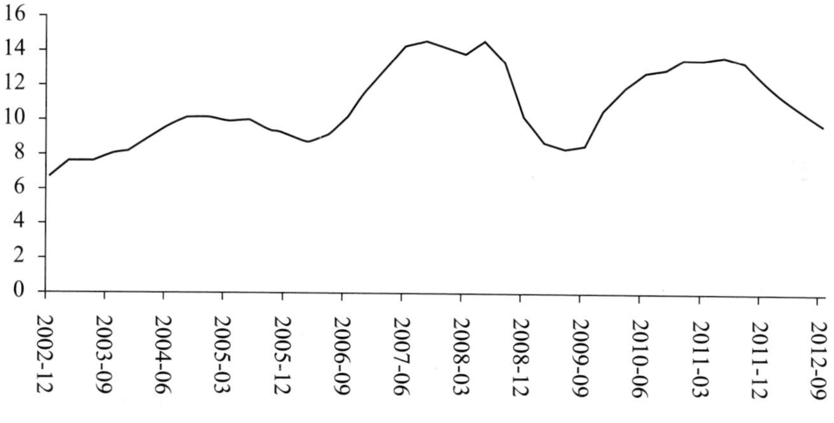

图 5—59　非金融上市公司权益资本回报率

资料来源：Wind，安信证券。

暂时不考虑企业利润份额的长期趋势，就其短期波动而言，它看起来与 PPI 呈现比较明显的同步关系（见图 5—58）。

我们在本书的通货膨胀部分提到，PPI 的变化更多地反映了全球以

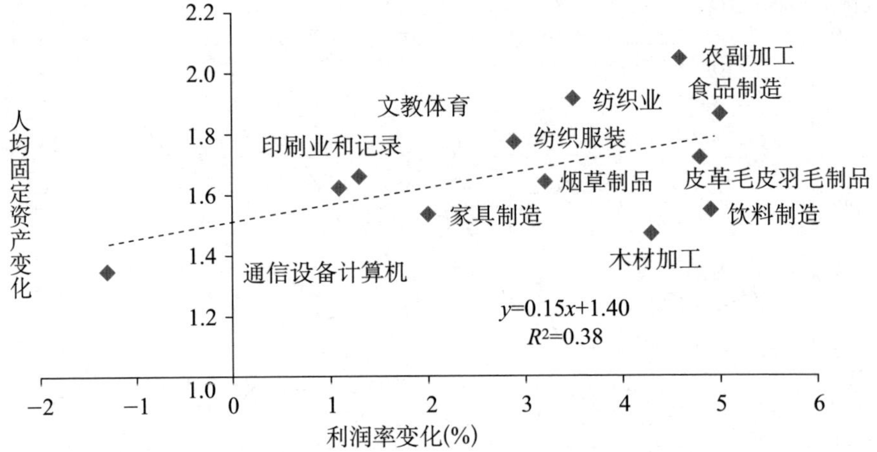

图 5—60　下游工业行业人均固定资产和利润率的变化

说明：人均固定资产取 2010 年相对 2001 年名义值的倍数，利润率变化取 2009—2011 年平均收入利润率减去 1999—2001 年平均利润率。

资料来源：CEIC，安信证券。

及中国需求变化的影响。尽管在少数时候，商品冲击等也造成短暂的影响（例如 2008 年的情况），但需求波动的影响多数时候更为显著。

这样，在需求上升的情况下，企业的产品价格上升，销售数量也在扩大，但同期企业雇用的劳动力不大会同步增加，工资水平更不会立即提高，折旧的情况是一样的。在这样的条件下，需求的扩大就转化为企业利润份额的上升；需求下降的情况是相似的。

但是我们同时能够注意到，在 1995 年以及 2006—2007 年，在 PPI 下降或大体稳定的背景下，企业利润份额出现逆势提高，资本市场中非金融上市公司的数据似乎也呈现类似的特点。

在本书前面部分的分析中，我们知道这两个时期经济都处在总供应曲线右移和扩张的阶段。我们怀疑，这两者之间的联系未必是偶然的。

我们猜想，这是因为在产能投放过程中，由于新建工厂和设备一般体现着更好的技术，在控制需求和价格因素后，利润率也会更高一些，所以总供应释放对利润的负面影响相对更小。

因此在价格下降不显著的时候，企业的利润率反而提高了。

四、就业市场的波动

图 5—61 报告了中国经济增速和城镇就业人数的增长情况。看起来 2000 年以前城镇就业人数的波动相当大，可能与数据统计质量有关。例如 1996 年就业人数出现非常大的加速，2001 年也出现突然加速，随后就停顿下来。更可能的原因也许与统计口径的调整有关系，毕竟在从计划向市场经济的过渡过程中，建立与市场经济原则一致的就业统计制度，并获得可靠的数据并非易事。2001 年以后的数据波动明显下降，质量似乎有很大提高。因此我们以下的讨论集中在 2001—2012 年的情况。

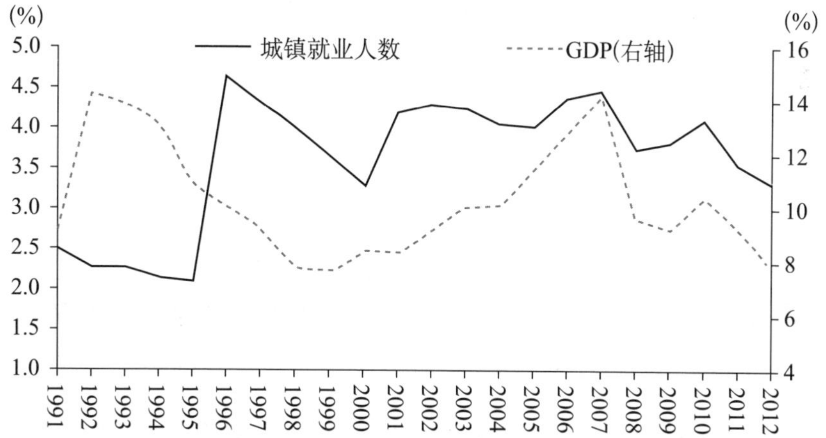

图 5—61 城镇就业人数增速和 GDP 增速（年度）

资料来源：CEIC，安信证券。

观察这段时期的数据容易看到，2001—2004 年期间经济增速持续爬升，但就业增速大体不变，甚至出现下降。

在2005—2007年期间，伴随经济增速的上升，就业增速同步提高；2008—2012年期间，总体上看，经济增速与就业增速同步下降。

显然，2001—2004年期间的就业数据看起来比较反常。

我们可以进一步观察就业增速与城镇职工平均工资增速的关系（见图5—62）。

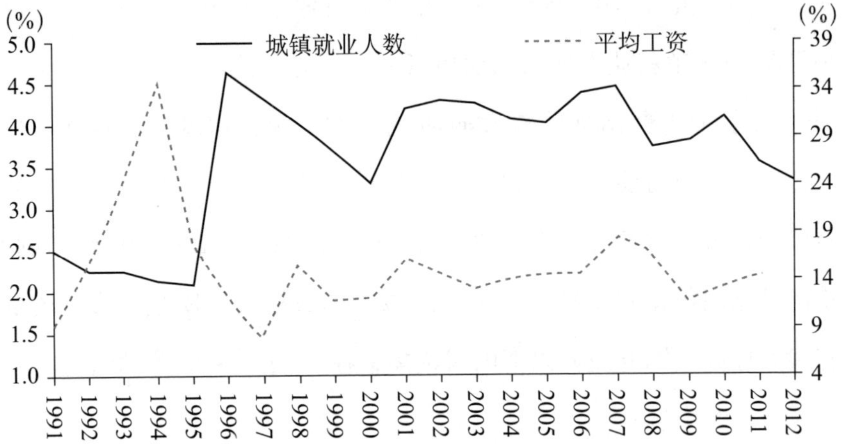

图5—62 城镇就业人数增速和平均工资增速

资料来源：CEIC，安信证券。

显然，在2001—2012年期间的绝大部分时间里，工资增速与就业增速看起来是同步波动的，而此前的情况并非如此。这也进一步暗示，2001年之前的就业统计数据并不可靠，但此后的数据统计质量似乎明显改善。

值得留意的是，2011年较2010年的就业增速在下降，但工资增速却在上升，这到底来自统计扰动和误差因素，还是暗示适龄劳动人口的减少开始对就业市场和经济增长产生影响，这些无疑值得进一步观察和思考。

在这里我们更关注的是，为什么 2001—2004 年期间的就业数据看起来比较反常？

我们试图提出的猜想是：这段时期经济波动由总需求变化所主导，2005 年以后的时期经济波动更多地由总供应变化所主导。这种差异对就业市场的影响是不一样的。

在总需求扩张过程中，企业还存在许多剩余产能和富余劳动力，因此产出的扩大主要表现为产能利用率的上升和窝工现象的改善，对新增就业的需求相对更少，所以这时就业的扩大就比较缓慢。

在总供应扩张过程中，随着新的设备和厂房的建成，新的生产能力正在形成，从而需要匹配相应的人工，这时产出的扩大就与就业增速的提高一致起来。

简单地说，在实体经济供求平衡的讨论中，我们认为中国经济中制约经济的总供应能力的要素主要是资本存量，而非劳动力供应。由于劳动力市场的调整相对缓慢，具有很强的粘性，因此在总需求波动时，其对就业市场的影响相对不很明显。例如，面对需求下降，企业更多通过压缩费用和忍受利润率的恶化来应对，不会轻易裁减员工。

但在资本存量扩张时，就业必然相应扩大以实现企业的生产和经营活动，这时就业增长就与经济产出变化一致起来。

第六章
杂议

■ 在刘备与诸葛亮的关系上，诸葛亮是分析师，刘备是投资人，买卖双方的角色对人的性格和才能的要求完全不同。

■ 对于小的经济个体而言，其行为不会影响趋势，所以在右侧采取行动相对安全并且现实；对于大的经济个体以及政府而言，自身行为会影响趋势和拐点的位置，所以必须考虑在左侧采取行动。

戏说分析师

对于分析师，誉之者赞之为“金手指”，毁之者斥之为“算命先生”，评价殊途，势如冰炭不同炉，这大约都反映了观察者的感受，其依据又多是股价的短期涨跌，虽然无疑是朴素和有道理的想法，但可能很片面。

其实，分析师职业在中国古已有之，在民间最负盛名的非诸葛亮莫属，只是当时人们以“谋士”、“军师”等称号冠之。

诸葛亮以而立之年、在野之身，即料定未来天下三分的大势，为蜀汉政权的建立确定了发展战略的思想基础，其卓越的洞察力令人叹服。民间推崇诸葛亮，主要是因为其料事如神，这当然与演义小说的夸张渲染很有关系。

然而，以今天的眼光来看，诸葛亮如此睿智，为何不在青年时期自立山头，割地称雄，而要抱膝吟啸，待价而沽？又为何在刘备死后困守西南，勉力维持，而不能师出祁山，收复旧都？

个人以为。在刘备与诸葛亮的关系上，诸葛亮是分析师，刘备是投资人，买卖双方的角色对人的性格和才能的要求完全不同。

成功的投资人至少需要三种能力：一是准确地识别和判断，并快速采取行动的能力，二是网罗和聚拢人才的能力，三是敢于接受巨大风险的心理承受能力。

刘备长坂坡上摔阿斗，对于收买人心肯定有作用。但以今天的眼光来看，其出色的表演能力（假摔而不是真摔）、快速的行动能力（说摔就摔）、巨大的心理承受能力（万一摔死了怎么办）都不是一般人能够做到的，至少诸葛亮未必能做到。

有朋友曾经开玩笑说，阿斗后来智力残缺，就和刘备在长坂坡上用力过猛是有关系的。

成功的分析师也需要三个方面的能力：一是善言雄辩的表达能力，二是全面客观的观察能力，三是缜密细致的推断能力。

诸葛亮出使东吴，舌战群儒，证明了其雄辩的表达能力；判断孙权可联、刘璋可代，证明了其客观的观察能力；料定天下三分，而不是群雄并列，证明了其缜密的推断能力。

但是如果刘备、诸葛亮易地而处，扮演对方的角色，恐怕都会很失败，至少诸葛亮会很受挫。

首先，诸葛亮缺乏冒险精神，注定独当一面时难成大事，比如其六出祁山，劳民伤财，均无功而返，后世也评价“诸葛一生唯谨慎”。

其次，诸葛亮笼络人才的能力似乎不突出，晚年所用都是刘备旧部，这些人“追先帝之殊遇，欲报之与陛下”。北伐时“蜀中无大将，廖化为先锋”，证明其识别和提拔人才方面欠账很多。

最后，诸葛亮快速采取行动的能力可能也是存在疑问的。

所以，分析师和投资人是两群非常不同的人，分析师的角色是“分析局面、判断趋势、为人设谋”；投资人的角色是“察言纳谏、采取行动、面对结果”。

从投资人的角度看，高水平的分析师当然是能够正确预言趋势的人。然而以我们现在的知识和理解来看，人类的经济社会系统十分复杂，未来无法准确预知，存在相当大的不确定性。换句话说，成功的预言多少都有一些运气的成分，否则何来承担风险之说。

综观中国历史，可以正确预言未来大势的谋士都是凤毛麟角。即使诸葛亮本人，也在《后出师表》中承认“至于成败利钝，则非臣之明所可逆睹”；明太祖朱重八称帝以后，也感慨“本想打家劫舍，不料弄假成真”。

所以绝大多数分析师都无法持续准确地预言趋势，这是现实情况。

然而，无论是割地称雄的豪强，还是占山为王的毛贼，杀伐决断的时候，都要找一些分析师一起商量利弊，从来不咨询谋士的帝王将相似乎没有。

既然分析师很难正确预言趋势，那么他们的作用是什么呢？个人理解，主要是拾遗补缺、完善投资人的决策思路，帮助其尽量周全地考虑可能发生的各种情况，从而争取最有利的情况，并在风险出现时有所应对。分析师并不对投资人的结果承担最终责任。

“远见杯”是否有远见？

对于资本市场的许多参与者而言，“远见杯”似乎是一个不太熟悉的名字，但若论财经媒体组织的各类评比排名，其历史也算是相对悠久，迄今高龄逾十岁了。

据我所知，这项排名是由北京大学的宋国青教授于2000年倡导并设计，由《证券市场周刊》主办和组织实施的一项活动。其基本做法是，在每个季度的第一个月的中下旬，在上个季度的经济数据发布的几天以内，要求参加比赛的预测人员就当季的九项经济指标提出具体的预测数值。这些指标包括经济增长、工业、投资、消费、进口、出口、物价、汇率和利率等。在次年的1月中下旬，根据统计局所发布的官方数据，计算每个人在每项指标上预测的绝对误差之和，并进行分项排名；把每个人的分项排名数加总，得到该预测人员的成绩。成绩数值小显示其综合误差低，因此胜出。

这一排名的初衷，除了娱乐目的外，私意揣度（也许不对），可能也有移风易俗、以救时弊的想法在里面。在传统上，中国的学者看问题时，坐而论道的多，起而行之的少；定性分析的多，定量刻画的少；概括描述的多，细致剖析的少。这种做法有其传统和优势，但对于商业规划和政府决策而言，似乎略有不足。因此，倡导经济分析人员对指标提出明确具体的预测数值，以代表其判断意见，是有一定意义的。

这一排名方法历来受到一些批评，一般的意见分为两类：一类认为这种预测不是在推断经济活动趋势，而是在揣摩统计部门的心思和政府领导的想法，是在猜测统计局会披露和发布什么样的经济数据，这未必是经济活动的真实情况。说到根子上，这是对统计数据的可靠性有怀疑。一类认为经济分析以解释和说理为正路，以预测和推断为偏门。由于短期经济活动扰动因素众多，因此预测实际上是扔骰子掷飞镖，属于赌运气的做法，意义不大。

这些批评意见当然有它的道理，但凡事兴一利必生一弊，在所难免。就这种排名的优势而言，最明显的是其非常客观、无法操纵，而且指标众多，年度合成在一定程度上可能也降低了随机性。

过去十多年以来，参加这项排名的机构逐渐增多，涵盖了中国比较主要的从事宏观经济形势分析和预测活动的研究机构，例如国家信息中心、社会科学院、天则所、北京大学等，以及为数不少的券商和商业银行。近几年其参加者可能已超过 30 家，远过于刚开始的情况，也算是盛况空前。

我虽然 2003 年进入资本市场，但孤陋寡闻，直到 2006 年受邀加入时，才听说这样的比赛游戏。过去几年，我自己主刀，参加了 2006—2009 年共四年的比赛，三次获得第一名，一次获得第三名，成绩算是差强人意，这里面当然免不了运气的成分。2010 年我退出预测，转由我的同事莫倩小姐继续参赛。在当年的季度赛中她侥幸获得第一名，不少人把功劳记到我的头上，这种看法实际上很不恰当。

介绍这些背景，一方面是许多人对这个比赛比较陌生，需要有所说明（实际上，在宏观经济分析人员的圈子内，这个奖项好像也算小有名气）；另外一方面是作者对这个奖项的规则有所批评时，不致被认为有酸葡萄心理。

以我之见，这个比赛规则比较大的缺陷在于，对数据拐点左右侧的判断分配了同样的权重，从而鼓励在右侧顺势而为的数据预测。

我们知道，经济数据通常具有一定的惯性和趋势，但经济的自平衡力量又约束一种趋势最终走向反面，所以预测活动一般需要遵循两个原则：一个是顺应趋势，一个是均值回归。顺应趋势本质上是坚持站在拐点的右侧，均值回归要考虑站在拐点的左侧。

对于小的经济个体而言，其行为不会影响趋势，所以在右侧采取行动相对安全并且现实；对于大的经济个体以及政府而言，自身行为会影响趋势和拐点的位置，所以必须考虑在左侧采取行动。

此外，由于拐点代表了经济升降力量的平衡点，所以其出现由扰动因素所主导，具有相当的偶然性，因此在拐点左侧判断趋势风险比较大，在右侧则相对安全。

从这样的角度来看，政府和大的经济个体需要在左侧预见拐点，小的经济个体需要在右侧顺应趋势，再考虑到风险因素，因此拐点判断的重要性因人而异，但站在左侧的判断似乎需要更多的奖励。

金融市场的做法是高风险高回报，对左侧的正确判断提供更丰厚的报酬。但从“远见杯”的规则看，其左右两侧的判断是等权重的。对于支持严肃的决策判断而言，这也许算是一个不小的瑕疵。

就我个人而言，每次数据预测，都要召集同事，花一天多的时间反复讨论，分析每一项数据的由来和特征，推测其趋势和未来可能的扰动因素，尽最大的可能性猜测其具体数值，并尽量避免左侧行动。每次数据讨论完毕，感觉如一场长时间的演讲结束，十分疲惫。

尽管如此，每次统计局公布数据后，对照来看，仍然是误差很大，甚至常把数据的方向搞反。预测排名成绩之所以差强人意，关键在于大家的误差都很大。这也许反映了经济活动本身的复杂性和短期的随机扰动因素的影响，这方面与资本市场的波动也有几分相似。

由于这样的原因，2010 年后数据预测主要由我的同事来组织和完成，我偶尔提出一些咨询性的意见，但参与不多，因此成绩好时不能掠人之美。

除了左右侧的权重外，不同数据的权重被设定相同，可能也是一个小的瑕疵，例如出口和投资的重要性未必相等，物价和汇率的重要性应该完全不同。

也许由于这些原因，以及在解释说理方面的缺乏，“远见杯”还没有在更大的范围内产生影响。近来《证券市场周刊》将预测活动拓宽到月度和年度数据以及国际数据，这当然有助于扩大中国研究人员的视野，但如何比较好地解决前述的瑕疵，是需要进一步考虑的。

无论如何，这种预测比赛和颁奖活动，在每年的 2 月把圈子里的人召集在一起热闹一番，并且鼓励了客观和定量分析的倾向，这还是值得称道和需要继续坚持的。

A股为什么这么贵？

内地资本市场长期存在两个特殊现象，引起人们的困惑和思考：一是市场总体估值水平长期处在比较高的位置；二是小市值股票普遍存在显著溢价。

一般的看法认为，这是由于中国经济具有更快的成长，从而市场估值要体现成长溢价，并且小公司的成长潜力更大；此外，人们还认为内地市场由散户主导，散户的行为具有很强的投机性，这也削弱了市场估值与基本面的关系。

本节的讨论以分析AH股溢价为入手点，试图强调内地市场长期存在着发行管制，导致股票供应相对稀缺，从而产生了上市地位的“壳价值”，这可能是前述估值溢价更基本的原因之一。

截至2012年底，有80多家公司在A股和H股同时上市。这些公司有着完全相同的基本面，然而令人困惑的是，两个市场股票价格并不相同，而且长期存在差异，更多的时候表现为A股相对H股存在溢价。

基本面因素、汇率因素或者交易摩擦等都不能很好地解释 AH 溢价的持续存在，这在很长时间里激起了市场参与者和观察者浓厚的兴趣，并产生了各种有启发的分析和解释。

许多的分析强调交易者差异所带来的影响。例如，香港市场由机构投资者主导，内地市场散户投资者的行为至关重要；香港市场投资者更加理性，看重盈利和分红，内地市场投机风气更为浓厚等。

我们讨论的重点，是从两地交易制度安排的差异，来给 AH 溢价提供一个不同的观察视角。① 这样的视角也许并不能够解释问题的全部，但在理论层面上这一思路是能够说得通的。

一、AH 溢价率与壳价值

我们来观察 AH 溢价率和总市值的关系。图 6—1 的横轴是两地同时上市的公司总市值的倒数，纵轴是 A 股相对 H 股的溢价比例。可以看到，AH 溢价率存在两个明显的特征：

第一，总体上来讲，内地市场股票存在溢价；

第二，溢价率与市值规模的倒数呈线性关系。

AH 溢价率与市值规模倒数之间如此规整的关系暗示，用交易者层面的差异来解释是比较困难的。我们认为，两地交易制度安排上的差异尤为关键。

第一，A 股股票发行受到比较严格的控制，股票供应相对稀缺，导致 A 股上市公司市值内含相对固定的壳价值。

---

① 这一解释思路最早由安信证券的程定华博士所提出和倡导，我们基于他的思想进行了进一步的数据处理和统计分析。

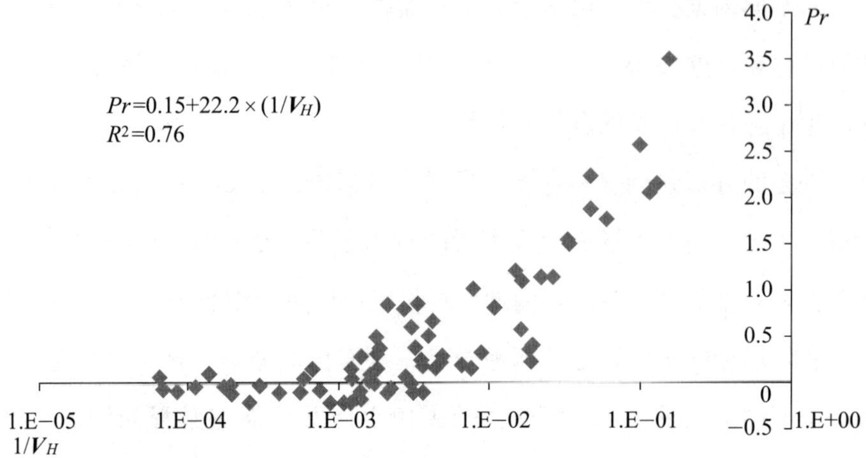

图 6—1　2012 年 11 月 AH 股溢价率和总市值的分布

说明：纵轴是 AH 股价之比减 1，即 A 股溢价率，数据处理中选取 2012 年 11 月 AH 股溢价率的月度平均值；横轴是上市公司港股价格对应总市值（换算为亿元人民币，取月度平均值）的倒数。需要注意的是，图中横坐标的间距处理成对数形式；2012 年底 AH 同时上市的公司有 84 家，剔除 7 个异常点后，此处使用了 77 个样本数据。

资料来源：Wind，安信证券。

市场经济条件下，一种有价值的资源一旦供应受到控制，就会形成资源租，这是 A 股存在壳价值的原因。由于壳价值源于供应管制，它同个股特质的关系不大，在很大程度上是固定的。这样，AH 溢价率同市值倒数之间的正向线性关系就很容易理解：公司市值越大，壳价值的占比越小，AH 溢价越小；公司市值越小，壳价值占比越大，AH 溢价越大。

假设上市公司总股本 N，香港市场每股价格 P_H，港股市值 $V_H=P_H\times N$；A 股市场每股价格 P_A，A 股市值 $V_A=P_A\times N$；那么，AH 溢价率 Pr 为 $Pr=(P_A-P_H)/P_H$。

假设回归结果为 $Pr=\beta+S\times(1/V_H)$，那么有 $(V_A-V_H)/V_H=(P_A-P_H)/P_H=\beta+S\times(1/V_H)$，进一步地，$V_A=V_H\times(1+\beta)+S$。这意味着，上市公司 A 股市值相对于 H 股市值，存在两个差异：斜率项

S 代表了相对固定的壳价值，与上市公司规模无关；截距项 β 代表了内地市场相对香港市场的系统性溢价率。

因此图 6—1 中市值倒数的系数代表了壳价值的估计数值。

简单地说，假设某一时点壳价值 S 为 20 亿元，对于 100 亿元市值的上市公司，因壳价值造成的 A 股溢价率为 20%，而对于 1 000 亿元市值的公司，A 股市场溢价率下降到 2%。相对固定的壳价值能够解释溢价率和市值倒数之间的线性关系，也能解释为何在内地市场上，小股票相对存在更明显的溢价。

进一步地，从这一解释出发，我们认为，对壳价值的实现，可能是这些年来上市首日小股票价格大幅度上涨背后真正的原因，与 A 股参与者的偏好等未必有太多的关系。

第二，人民币资本项目管制限制了资金的自由流动，导致两地资金价格的差异，再加上对股票供应的管制，这是系统性估值溢价率产生的重要原因。

图 6—1 中的截距项代表了内地市场相对香港市场的系统性溢价率。

在数据处理中，我们也发现壳价值和系统溢价并不能解释 AH 溢价的全部。比如，金融股与非金融股估值溢价率之间存在明显的差异，表现为金融股一般存在折价，这可能就受到了两地投资者对金融股偏好差异的影响。除此之外，分红率、成长性和细分行业的差异看起来对溢价率的影响并不很显著。

二、壳价值与估值溢价率的历史波动

利用同样的方法去处理历史数据，我们能够计算出壳价值和估值溢价率的历史序列数据。

图6—2显示的是壳价值的历史波动。可以看到，壳价值的波动与内地市场资金松紧关系密切（当然，政府对股票发行节奏的控制、并购和重组等政策的调整等无疑也影响着壳价值）。2006—2007年以及2009年，在内地市场资金比较宽松、股票市场存在估值泡沫的背景下，壳价值也达到了阶段性的高点。

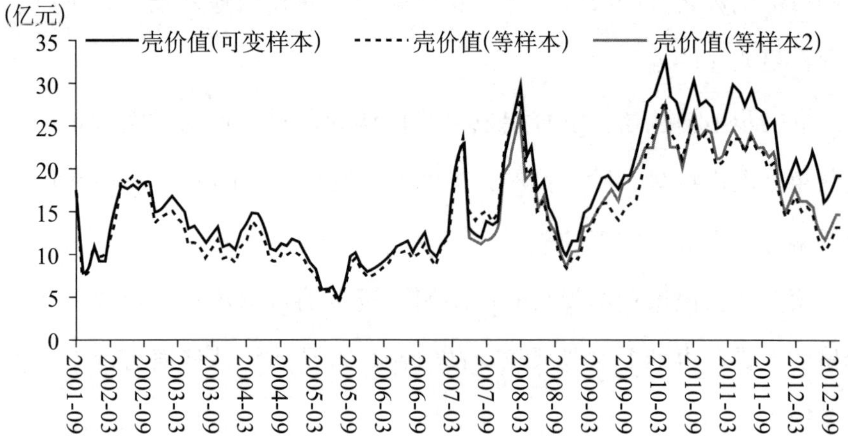

图6—2　壳价值的历史波动

说明："等样本"为2001年以来的不变样本，含21家公司；"等样本2"为2007年5月以来的不变样本，含42家公司，其中包括7只金融股，这里在计算中没有考虑与金融股相关的虚拟变量。

资料来源：Wind，安信证券。

壳价值与流动性松紧之间的密切联系是比较容易理解的。由于供应受到控制，壳价值的波动与古董和纪念币的价值波动在道理上是相同的。资金宽松使得壳价值抬升，资金紧张使得壳价值下降。

壳价值在整个市场中的占比有多大？用不同的样本计算，结果有一定的差异，但这一比例对可比样本来说总体上比较稳定（见图6—3和图6—4）。比较合理的结果可能是，壳价值占到全部上市公司总市值的比重大概为 10%，或者更高一些。这意味着，如果一夜之间内地发行制度完全市场化，壳价值归零，那么 A 股市值可能在瞬间蒸发至少 10%。

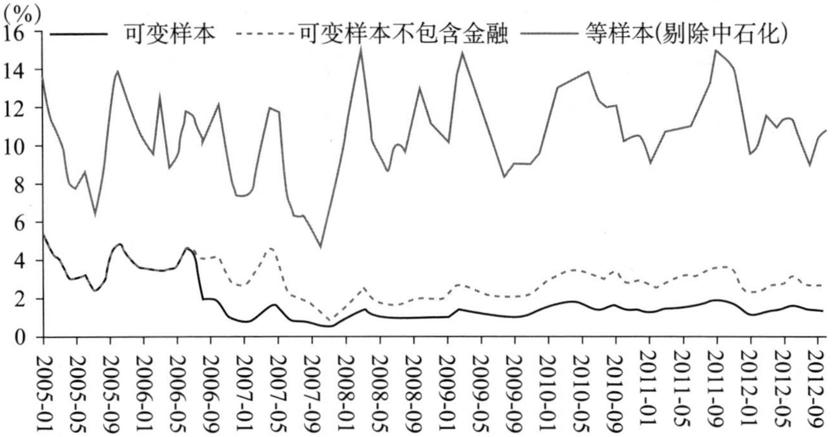

图 6—3　样本公司壳价值占总市值比例

说明："等样本（剔除中石化）"处理了 20 家公司的相关数据。

资料来源：Wind，安信证券。

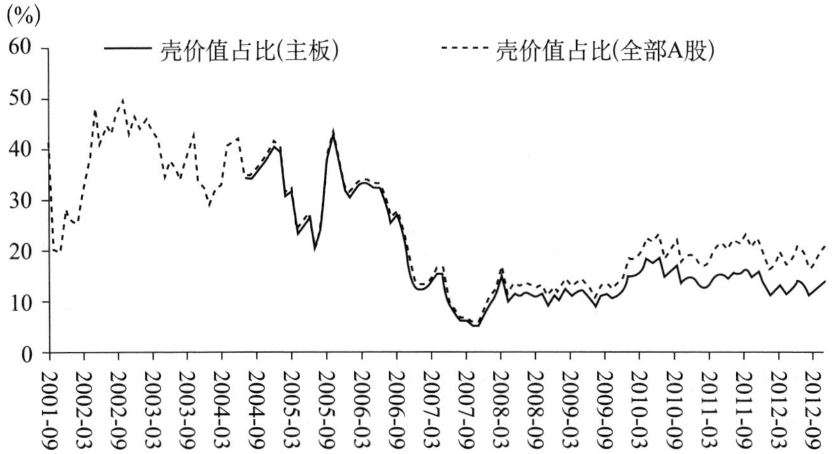

图 6—4　A 股和主板市场壳价值占总市值比例

说明：此处壳价值选用可变样本（剔除金融股）回归结果。

资料来源：Wind，安信证券。

图 6—5 和图 6—6 显示的是 A 股市场系统估值溢价率的历史序列。两地资金价格的相对起伏，能够解释大部分的趋势转折。在内地资金价格下行或香港资金价格紧张的背景下，系统估值溢价率将上行，比如在 2006—2007 年（当时内地市场流动性十分宽松）以及在金融危机爆发期间（此时香港市场流动性极度紧张）；在内地资金价格高企、境外资金宽松的背景下，估值溢价将下行，例如 2012 年的情况。

显然，两地资金价格差异不能解释全部的历史波动，其他一些市场层面的因素可能也在产生影响。

我们想强调的影响因素是内地市场发行管制的市场化改革和股票供应的增长。无疑，这将带来估值溢价率的系统性下移。这可能是历史上两地估值溢价率总体上波动下行更基本的原因。

值得讨论的是：2005 年下半年到 2006 年，两地的估值溢价率达到历史的最低点，比 2012 年底的水平还要更低。一个可能的原因是股权分置改革带来的除权效应，这主要影响内地市场；另外一个可能的原因是这段时间内地市场更多地由机构投资者主导。当然，也许还存在着我们目前未知的因素导致这一结果。

从这一角度看，在 2000 年到 2012 年的十多年里，内地经济快速成长，海外中资股票也取得可观的回报，但 A 股市场投资回报率惊人地低。这与 A 股股票供应的增长和资金趋于更自由的流动也许存在一定联系，但这一负面因素对内地市场的影响看起来仍然没有完全消除。

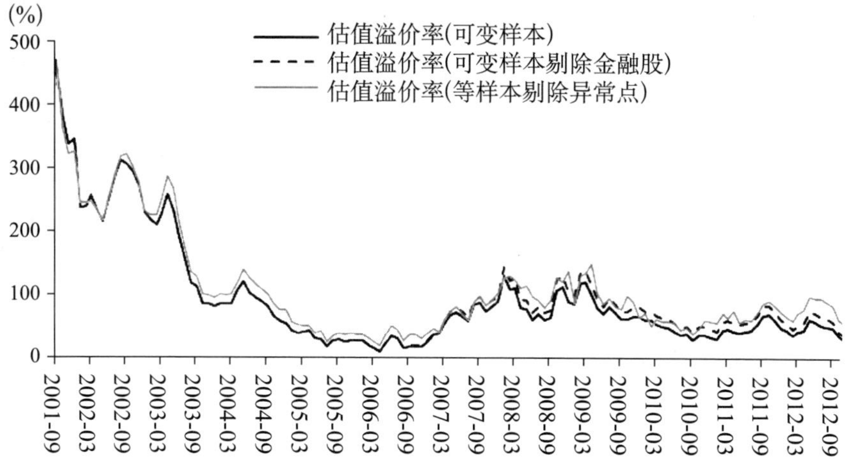

图 6—5　估值溢价率波动（2001 年以来）

说明：此处等样本包含 21 家上市公司。

资料来源：Wind，安信证券。

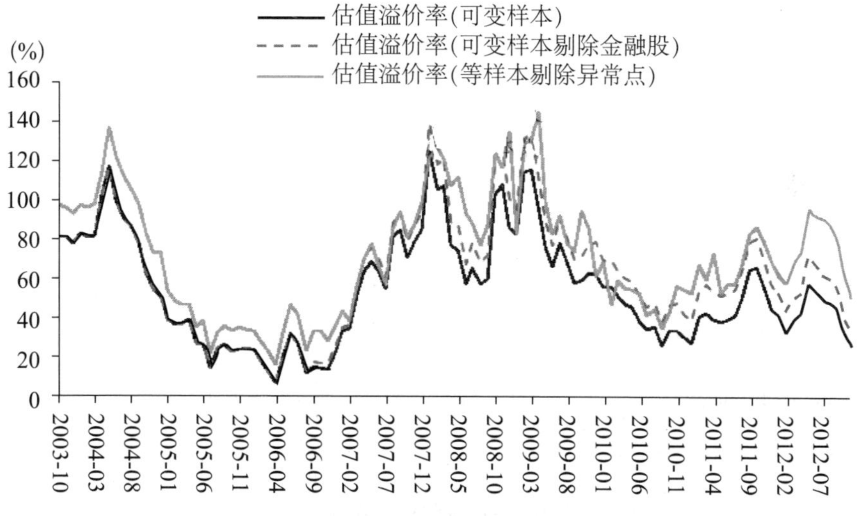

图 6—6　估值溢价率波动（2003 年以来）

说明：此处等样本包含 21 家上市公司。

资料来源：Wind，安信证券。

代后记

回忆父亲

在本书准备期间，父亲患病去世。当日我正在旅途之中，随后写下了这篇回忆文字。本书杀青之际，谨以收录，是为长久的纪念。

2012 年 9 月 8 日清晨 7 时 50 分许，我正在西藏林芝地区静谧的尼洋河谷中乘车行进，手间突然传来急促的电话铃声。太原的大哥在电话里平静而简短地告诉我，由于心力衰竭，父亲在几分钟前辞别人世。放下电话，我的头脑一片空白。许久以后，尘封的往事开始慢慢苏醒，记忆的河流在心间流淌……

父亲于 1936 年岁末出生于山西南部的山村，其时“西安事变”初起，华北局面山雨欲来，小村虽然地处偏僻，但此后时局变乱，亦无法自外。

父亲六岁时，山西境内抗日战局拉锯方酣，日军为图报复，某日在村内纵火劫掠，家中祖宅尽数焚毁，此后多年父亲随先祖父母迁徙无定，常寄身废窑以避风雨。

父亲幼敏而好学，然而家中常无隔宿之粮，又逢兵荒马乱之年，需要徒步数十公里山路至曲沃县城，才有机会读书。但由于父亲央求，先祖父多方告贷筹措，资助他时断时续，以竟学业。

每至家中借贷无门之时，父亲则辍学回乡，但仍然手不释卷，吟诵不绝。若时值年丰，则鸡鸣即起，挑粮进城，以筹学资。若逢严冬，积雪及膝，天寒路远，衣单人瘦，且偶有野兽出没山间。当时求学之苦，真是一言难尽。多年以后，父亲与我们闲叙，仍然常常念及当日的艰难。

新中国成立以后，乱局初定，父亲的学业逐步转入正轨。其后数年，父亲经过考试选拔，终于有机会在省城太原进修，并学有所成。这期间为维持生计，他白天静坐课堂求学，夜晚远赴工地劳作，疲累困顿，个中辛苦，不足为外人道。

毕业以后，他即执教鞭于乡村，为学生传道授业，前后逾四十年，育人无数，桃李无言。这期间经历诸多政治运动，时运蹉跎，偶有起伏，但父亲始终以教书为要，不慕荣利，晏然自足，终老不悔。

父亲性情宽厚，乐善好施，急人所难，以贤名闻于乡邻。我等幼时，年末岁尾，天寒风冷，落雪无声，目睹父亲在屋中设火架炉，洗笔磨砚，为乡邻书写对联，自旦达昏，不曾稍歇。虽终至于头昏眼花、臂腕酸软，而未有愠辞。父亲在乡邻同侪中游历颇多，好清谈，颇多交游。闲暇之时，他常备齐烟茶，招呼左右，品茗夜话，海阔天空，议题极广。我等幼时，常列坐其次，因此增长了不少见识。

父亲育我等姊弟共六人。我等幼年成长之际，时艰岁荒，饥寒常迫，生计艰难，父亲为之备受煎熬。其后我等多年读书，开支浩繁，父亲薪俸微薄，常年入不敷出，被迫节衣缩食，四处举债。父亲多年吸烟，瘾深难除，困难之时，常寻劣质烟叶，碎纸包卷，以应急需。

十余年前，我寄身东京数年，期间归国公干，行程紧凑，只能转赴太原，作一日之停留。其时父亲在老家发烧卧床，闻讯即扶病北上，车马劳顿，抵并之时病况恶化，需要紧急救治。与父亲见面之时，相顾无言，涕泪千行。及我动身作别时，父亲泣不成声，只是口中默念“你走吧，你走吧”，想来心中情感万千，无以言表。

父亲六十岁后退休闲居，此时我等姊弟均已成年，家境转好，足以侍奉父母安养天年。退休后父亲常与母亲出游，踪迹远达浙江、福建、海南、四川等地，游目山水秀色，快意人文景观，其乐陶陶。中间常赴太原过冬，偶抵北京小住，曾游北海以赏秋月，临香山以观落日，登长城以望漠北，含饴弄孙，欣然自足。

岁月飞驰，时光荏苒，忽忽之间，父亲已垂垂老矣。去岁春暮，父亲罹病，来京求医一年有余，期间多方问诊，化疗、放射，以至于靶向药、伽马刀，均有尝试，曾短暂见效，但到今年早春，疾病复发，呈现失去控制之势。虽然后来反复尝试各种手段，但终无成效，于端午节后，转赴太原静养。自此每况愈下，病势日沉。

父亲临终遗愿，希望能够遵从家乡习俗，入土归葬。遥想来日，能够长久陪伴父亲的，只有坟前的一抔黄土、几株衰草，念之不由黯然神伤……

图书在版编目（CIP）数据

经济运行的逻辑/高善文著. —北京：中国人民大学出版社，2014.5
ISBN 978-7-300-19297-0

Ⅰ.①经… Ⅱ.①高… Ⅲ.①宏观经济分析 Ⅳ.①F015

中国版本图书馆 CIP 数据核字（2014）第 093325 号

经济运行的逻辑
高善文　著
Jingji Yunxing de Luoji

出版发行	中国人民大学出版社		
社　　址	北京中关村大街 31 号	**邮政编码**	100080
电　　话	010－62511242（总编室）		010－62511770（质管部）
	010－82501766（邮购部）		010－62514148（门市部）
	010－62515195（发行公司）		010－62515275（盗版举报）
网　　址	http://www.crup.com.cn		
经　　销	新华书店		
印　　刷	涿州市星河印刷有限公司		
开　　本	720 mm×1000 mm　1/16	**版　　次**	2014 年 6 月第 1 版
印　　张	15.75 插页 2	**印　　次**	2025 年 3 月第 2 次印刷
字　　数	219 000	**定　　价**	99.00 元